LIBROS CULINAR

sándwich
paninis
y wraps

degustis

Importado y publicado en México en 2013 por / Imported and published in Mexico in 2013 by: Advanced Marketing, S. de R.L. de C.V. Calz. San Fco. Cuautlalpan no. 102 Bodega D, Col. San Fco. Cuautlalpan, Naucalpan, Edo. de México, C.P. 53569

Título Original / Original Title: Culinary notebooks. Sandwiches, panini & wraps / Libros culinarios. Sándwiches, paninis y wraps

ISBN: 978-607-404-447-8

13 12 11 10 9 8 7 6 5 4 3 2

NOTA PARA NUESTROS LECTORES
El consumo de huevos o claras de huevo que no estén completamente cocidos aumenta la posibilidad de contraer salmonella. El riesgo aumenta en mujeres embarazadas, personas mayores, niños pequeños y personas con problemas en el sistema inmunológico. Si tiene algún inconveniente, puede reemplazar estos alimentos por sustituto de claras de huevo en polvo o por huevos pasteurizados.

Colección de Libros Culinarios

Director de Proyecto Anne McRae
Director Artístico Marco Nardi

PANINIS
Fotografía Brent Parker Jones
Texto Stefania Corsi
Edición Foreign Concept
Estilista de Alimentos Lee Blaylock
Asistente de Estilista de Alimentos Rochelle Seator
Estilista de Props Lee Blaylock
Diseño Bill Freeman
Traducción Ana Ma. Roza, María Gutiérrez, Laura Cordera L. y Concepción O. de Jourdain

Fabricado e impreso en China en abril 2013 por / Manufactured and printed in China on April 2013 by: C&C Joint Printing Co., (Shanghai) Ltd. No. 3333, Cao Ying Road, Qing Pu, Shanghai, 201712, China

contenidos

manos a la obra

En este libro presentamos más de 100 deliciosas recetas para preparar paninis, wraps, emparedados, rollos y sándwiches. La gran mayoría de ellas son bastante sencillas y requieren tan sólo de conceptos básicos de cocina y unos cuantos minutos para prepararlas. Todas las recetas han sido clasificadas según su grado de dificultad: 1 (fácil) o 2 (intermedio). En estas páginas hemos elegido 25 de nuestras mejores recetas, para que se dé una idea.

 SENCILLAS

Wrap de QUESO, SALAMI Y ARÚGULA

Wrap de POLLO, ENSALADA DE COL Y PAPAYA

Wrap estilo LABRADOR

Sándwich de PEPINO Y PASTA DE ACEITUNA

Emparedados de SALMÓN, QUESO MASCARPONE Y LIMÓN AMARILLO

Panini de ARÚGULA, JITOMATE Y QUESO DE CABRA

Panini de QUESO Y CEBOLLA CARAMELIZADA

VEGETARIANAS

Wrap de TOFU AL CURRY

Baguette de HUEVO Y QUESO

Wrap de PIMIENTO ASADO Y HUMUS

CLÁSICAS

Panini CAPRESE

Panini REUBEN CLÁSICO

Wrap de FALAFEL Y HUMUS

Emparedados de ATÚN Y MAYONESA

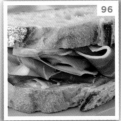

Sándwiches de JAMÓN DE PARMA Y MANTEQUILLA

Panini de QUESO, COMINO Y UVAS PASAS SULTANAS

Wraps de ATÚN Y PESTO

Sándwiches de SALAMI E HIGOS FRESCOS

Rollos de QUESO ROBIOLA Y SALMÓN AHUMADO

RECOMENDACIONES DEL AUTOR

Panini de ENSALADA PICANTE DE POLLO EN PAN ÁCIDO

| MEJOR FOCACCIA | MEJOR PANINI | MEJOR EMPAREDADO | MEJOR WRAP | MEJOR SÁNDWICH |

Focaccia de JITOMATE Y MACARELA

Panini de PROSCIUTTO Y JITOMATES DESHIDRATADOS

Emparedado de ATÚN Y MAYONESA

Wraps de ALBÓNDIGAS Y BABA GANOUSH

Sándwiches de QUESO PROVOLONE PICANTE CON MANZANA VERDE

paninis

Panini de ARÚGULA, JITOMATE Y QUESO DE CABRA

2 rebanadas cuadradas de pan focaccia natural (de aproximadamente 20 cm/8 in cada una)

1 diente de ajo entero, sin piel

125 gramos (4 oz) de queso de cabra fresco y cremoso, tipo chèvre o caprino

Un manojo pequeño de arúgula (rocket)

12 jitomates cereza, partidos a la mitad

12 hojas de albahaca fresca, finamente picada

1-2 cucharadas de aceite de oliva extra virgen (opcional)

Sal y pimienta negra recién molida

Rinde 2 porciones • Preparación 10 minutos • Cocción de 5 a 10 minutos • Grado de dificultad 1

1. Precaliente una sandwichera o una plancha para paninis a temperatura media-alta.

2. Rebane el pan focaccia a la mitad de manera horizontal. Frote el diente de ajo sobre cada mitad de pan para que se perfume ligeramente, pero que no se impregne.

3. Unte el queso de cabra sobre la base de las rebanadas de pan focaccia. Cubra con la arúgula, los jitomates y la albahaca. Rocíe con el aceite, si lo usa, y sazone con sal y pimienta. Cubra con las rebanadas superiores de pan focaccia restante.

4. Tueste de 5 a 10 minutos, hasta que el pan focaccia esté dorado y crujiente y el relleno se haya calentado por completo. Sirva caliente.

Si a usted le gustó esta receta, también le gustarán:

Panini de HIGOS, PANCETTA Y QUESO DE CABRA

Panini CAPRESE

Panini de JITOMATES DESHIDRATADOS Y QUESO

8

La palabra panini es italiana y significa "sándwich", pero en muchas partes del mundo se le ha dado el significado de "sándwiches tostados". En este capítulo, todos los paninis son tostados. Existen varios tipos de sandwicheras o planchas para paninis de muy buena calidad y a precios bastante razonables. Nosotros le sugerimos utilizar alguna de éstas para preparar los paninis. Si no tiene una, ¡no se rinda! Los paninis preparados con rebanadas planas de pan y con rellenos no demasiado abundantes, también se pueden preparar en una sartén o una plancha ligeramente engrasada con aceite. Presione con una espátula de metal hasta que se dore y voltéelo cuidadosamente para calentarlo por el otro lado. Los paninis preparados con pan baguette o con panes más gruesos y rellenos más abundantes, se pueden cocer en un horno tostador o en un horno normal a una temperatura de aproximadamente 200°C (400°F/gas 6) hasta que se doren y se hayan calentado por completo.

Panini de PANCETTA Y PIÑA CON PAN DE AJONJOLÍ

2	rebanadas de pan blanco con ajonjolí o integral
1	cucharada de aceite de oliva extra virgen
1	cebolla mediana, partida en rebanadas
4	rebanadas gruesas de pancetta (o prosciutto o jamón)
1	diente de ajo pequeño, finamente picado (opcional)
4–6	cucharadas de piña fresca finamente picada o piña enlatada, bien escurrida y machacada
1–2	cucharadas de salsa de chile dulce comprada o hecha en casa (vea página 10)
	Pimienta negra recién molida

Rinde 2 porciones • Preparación 10 minutos • Cocción de 5 a 10 minutos • Grado de dificultad 1

1. Precaliente una sandwichera o una plancha para paninis a temperatura media-alta.

2. Caliente el aceite en una sartén a fuego medio-alto y saltee la cebolla durante 3 ó 4 minutos, hasta que esté suave.

3. Corte el pan a la mitad y cubra las bases con las cebollas, pancetta, ajo y piña. Rocíe con la salsa de chile dulce y sazone con pimienta. Tape con la parte superior del pan.

4. Tueste de 5 a 10 minutos, hasta que el pan esté dorado y crujiente y su relleno se haya calentado por completo. Sirva caliente.

Si a usted le gustó esta receta, también le gustarán:

Panini de MORTADELA, QUESO Y ENSALADA

Panini de PROSCIUTTO Y JITOMATES DESHIDRATADOS

Panini de SALAMI PICANTE, ACEITUNAS Y AJO

Salsa Asiática de CHILE DULCE

Rinde aproximadamente 2 tazas (500 ml) • Preparación 10 minutos + 12 horas para enfriar • Cocción de 15 a 20 minutos • Grado de dificultad 1

$1^1/_2$	taza (300 g) de azúcar		partidos en rebanadas delgadas
1	taza (250 ml) de vinagre de arroz	1	cucharada de jengibre fresco, finamente rallado
$^1/_2$	taza (125 ml) de agua		
2	chiles rojos (peperoncinos o jalapeños sin venas ni semillas) grandes,	1	diente de ajo, finamente picado

1. Mezcle el azúcar, vinagre de arroz y agua en una olla mediana. Caliente a fuego alto, hasta que suelte el hervor. Reduzca el fuego, agregue los chiles, jengibre y ajo y hierva a fuego lento de 15 a 20 minutos, hasta que se reduzca a la mitad.

2. Retire del fuego y deje enfriar durante 12 horas antes de utilizar.

3. Conserve la salsa en botes de vidrio o tarros esterilizados en el refrigerador hasta por un mes. Refrigere una vez abierto.

CÁTSUP

Rinde aproximadamente 3 tazas (750 ml) • Preparación 15 minutos + 12 horas para enfriar • Cocción de 15 a 20 minutos • Grado de dificultad 1

2	latas (400 g/14 oz) de jitomates, partidos en trozos, con su jugo	2	cucharadas de vinagre de sidra
$^1/_2$	cebolla mediana, rallada	1	diente de ajo, picado
2	cucharadas de azúcar	2	hojas de laurel
		2	bayas de enebro
		3	clavos de olor enteros

1. Coloque los jitomates en un procesador de alimentos y muélalos hasta obtener una mezcla tersa.

2. Coloque el puré de jitomate, cebolla, azúcar, vinagre de sidra, ajo, hojas de laurel, bayas de enebro y clavos de olor en una olla mediana. Caliente a fuego alto hasta llevar a ebullición. Disminuya el fuego a bajo y hierva a fuego lento de 15 a 20 minutos, hasta que se reduzca y adquiera una consistencia de salsa espesa.

3. Pase la salsa por un colador de malla fina para retirar los sólidos. Vierta la salsa en botes o tarros de vidrio esterilizados y refrigere durante toda una noche antes de utilizarla.

4. Conserve la salsa en el refrigerador hasta por un mes.

TAPENADE

Rinde aproximadamente 1 taza (250 ml) • Preparación de 5 a 10 minutos • Grado de dificultad 1

$1^1/_2$	taza (225 g) de aceitunas verdes o negras sin hueso	3	filetes de anchoa, gruesamente picados
$^1/_2$	taza (15 g) de hojas de perejil plano	1	cucharada de jugo de limón amarillo recién exprimido
2	dientes de ajo, gruesamente picados	3	cucharadas de aceite de oliva extra virgen
1	cucharada de alcaparras en salmuera, enjuagadas		Sal y pimienta negra recién molida

1. Mezcle las aceitunas, perejil, ajo, alcaparras y anchoas en un procesador de alimentos hasta integrar por completo. Agregue el jugo de limón y vierta el aceite poco a poco, batiendo, hasta obtener una pasta tersa. Sazone con sal y pimienta.

2. Utilice la mezcla inmediatamente o almacénela en un recipiente con cierre hermético hasta por una semana.

Salsa BARBECUE AHUMADA

Rinde aproximadamente 3 tazas (750 ml) • Preparación 15 minutos + 12 horas para enfriar • Cocción de 20 a 30 minutos • Grado de dificultad 1

$^1/_4$	taza (60 ml) de aceite de oliva extra virgen		salsa inglesa
1	cebolla mediana, finamente picada	2	cucharaditas de sazonador ahumado líquido (liquid smoke)
3	dientes de ajo, picados	$1^1/_2$	cucharadita de chile en polvo
2	latas (400 g/14 oz) de jitomates en trozos, con su jugo	1	cucharadita de mostaza en polvo
$^1/_3$	taza (90 ml) de vinagre de malta	1	cucharadita de comino molido
$^1/_4$	taza (50 g) de azúcar mascabado	$^1/_2$	cucharadita de salsa picante
$^1/_4$	taza (60 ml) de		

1. Caliente el aceite en una olla mediana a fuego medio-bajo. Agregue la cebolla, ajo y acitrone alrededor de 5 minutos, hasta que se dore.

2. Agregue los jitomates, vinagre de malta, azúcar mascabado, salsa inglesa, sazonador ahumado, chile en polvo, mostaza en polvo, comino y salsa Tabasco. Mezcle bien hasta integrar por completo y lleve a ebullición. Reduzca el fuego y hierva a fuego lento de 20 a 30 minutos, hasta que espese.

3. Vierta la salsa en botes o tarros de vidrio esterilizados y refrigere durante una noche antes de utilizarla.

4. Conserve la salsa en el refrigerador hasta por un mes.

Panini de QUESO PECORINO, MIEL DE ABEJA Y NUEZ

4	rebanadas de pan con nuez o pan estilo casero blanco o integral de textura gruesa
120	gramos (4 oz) de queso pecorino (o parmesano), en hojuelas
12	nueces, tostadas y cortadas en trozos
2-3	cucharadas de miel de abeja líquida

Rinde 2 porciones • Preparación 10 minutos • Cocción de 5 a 10 minutos • Grado de dificultad 1

1. Precaliente una sandwichera o una plancha para paninis a temperatura media-alta.

2. Cubra las bases de las rebanadas de pan con las hojuelas de queso pecorino. Cubra con las nueces y rocíe con la miel. Tape el panini con las rebanadas de pan restantes.

3. Tueste hasta que el pan esté dorado y crujiente y que el queso se haya derretido, de 5 a 10 minutos. Sirva caliente.

Panini de HIGOS, PANCETTA Y QUESO DE CABRA

4   rebanadas gruesas de pan de caja estilo casero blanco o integral de textura gruesa

90   gramos (3 oz) de queso de cabra fresco y cremoso, tipo chèvre o caprino

      Un manojo pequeño de arúgula (rocket), picada

      Sal y pimienta negra recién molida

4   rebanadas de pancetta (o salami)

4   higos frescos, partidos a la mitad

Rinde 2 porciones • Preparación 10 minutos • Cocción de 5 a 10 minutos • Grado de dificultad 1

1. Precaliente una sandwichera o una plancha para paninis a temperatura media-alta.

2. Unte el queso de cabra sobre dos rebanadas de pan y cubra con la arúgula. Sazone con sal y pimienta. Acomode la pancetta y los higos sobre el pan y cubra con las demás rebanadas de pan.

3. Tueste de 5 a 10 minutos, hasta que el pan esté dorado y crujiente y que el relleno se haya calentado por completo. Sirva caliente.

La mortadela, también conocida como salchichón de Bolonia en Estados Unidos, es un embutido con un sabor muy suave originario de la ciudad italiana de Bolonia. Está hecha a base de carne de cerdo y tiene granos enteros de pimienta negra, los cuales sueltan su sabor durante su largo y cuidados proceso de cocción al vapor. Si lo desea, lo puede sustituir por algún otro embutido de alta calidad.

Panini de MORTADELA, QUESO Y ENSALADA

2	panes redondos o bolillos blancos grandes
4	cucharadas (60 g) de mayonesa comprada o hecha en casa (vea página 42)
	Hortalizas verdes para ensalada
120	gramos (4 oz) de mortadela de buena calidad, partida en rebanadas delgadas
120	gramos (4 oz) de queso gruyere (suizo o cheddar), partido en rebanadas delgadas
6-8	jitomates cereza, partidos a la mitad o en rebanadas
	Sal y pimienta negra recién molida

Rinde 2 porciones • Preparación 10 minutos • Cocción de 5 a 10 minutos • Grado de dificultad 1

1. Precaliente una sandwichera o una plancha para paninis a temperatura media-alta.

2. Corte los panes a la mitad y unte la mayonesa en la tapa inferior de cada uno. Cubra con una capa de hortalizas verdes. Cubra con la mortadela, queso y jitomates. Sazone con sal y pimienta. Tape el pan con la otra mitad.

3. Tueste de 5 a 10 minutos, hasta que el pan esté dorado y crujiente y que el queso se haya derretido. Sirva caliente.

Si a usted le gustó esta receta, también le gustarán:

Panini de PANCETTA Y PIÑA CON PAN DE AJONJOLÍ

Panini de SALCHICHÓN ITALIANO Y CEBOLLA

Panini de CHAMPIÑONES, TOCINO Y PESTO

Panini de QUESO, POLLO, APIO Y PISTACHES

16

4   rebanadas gruesas de pan integral o blanco tostado

2-3   cucharadas de mayonesa comprada o hecha en casa (vea página 42)

125   gramos (4 oz) de pollo rostizado, partido en rebanadas

1   tallo de apio, finamente rebanado

2-3   cucharadas de pistaches, sin cáscara y tostados

     Sal y pimienta negra recién molida

Rinde 2 porciones • Preparación 10 minutos • Cocción de 5 a 10 minutos • Grado de dificultad 1

1. Precaliente una sandwichera o una plancha para paninis a temperatura media-alta.

2. Coloque las rebanadas de pan sobre una superficie de trabajo. Usando un tazón redondo de aproximadamente 3 cm (8-10 cm) de diámetro corte las rebanadas de pan en discos.

3. Unte el pan con mayonesa. Cubra dos de las rebanadas de pan con pollo, apio y pistaches. Sazone con sal y pimienta. Cubra con los otros dos discos de pan.

4. Tueste de 5 a 10 minutos, hasta que el pan esté dorado y crujiente y que el relleno se haya calentado por completo. Sirva caliente.

Panini de PROSCIUTTO Y JITOMATES DESHIDRATADOS

2	rebanadas gruesas de berenjena, con piel
2	panes redondos de cinco granos
2	rebanadas grandes de queso mozzarella
2	rebanadas grandes y delgadas de prosciutto (o jamón)
4	jitomates deshidratados, picados

Rinde 2 porciones • Preparación 10 minutos • Cocción de 5 a 10 minutos • Grado de dificultad 1

1. Precaliente una sandwichera o una plancha para paninis a temperatura media-alta.

2. Ase las rebanadas de berenjena en una parrilla precalentada a fuego alto de 5 a 7 minutos, hasta que estén suaves.

3. Corte los panes a la mitad y cubra las bases con la berenjena y el queso mozzarella. Doble las rebanadas de prosciutto, colóquelas sobre el queso y cubra con los jitomates deshidratados. Tape con la parte superior de los panes.

4. Tueste de 5 a 10 minutos, hasta que el pan esté dorado y crujiente y que el queso se haya derretido. Sirva caliente.

El comino y el queso combinan muy bien, especialmente cuando van acompañados con uvas pasas sultanas (doradas). Si lo desea, puede reemplazar las uvas pasas sultanas por otro tipo de fruta deshidratada o cristalizada, como los arándanos, jengibre, piña o papaya. También puede sustituir el queso Gruyere por algún otro tipo de queso, como el Gouda, Cheddar o Fontina. Sólo asegúrese de elegir un queso que tenga mucho sabor.

18

Panini de QUESO, COMINO Y UVAS PASAS SULTANAS

2	panes redondos de nuez, blancos o integrales
2-4	cucharadas de mayonesa comprada o hecha en casa (vea página 42)
2	cucharaditas de mostaza Dijon
120	gramos (4 oz) de queso gruyere (suizo, fontina o cheddar), partido en rebanadas delgadas
2-3	cucharadas de uvas pasas sultanas (doradas)
1	cucharadita de semillas de comino

Rinde 2 porciones • Preparación 10 minutos • Cocción de 5 a 10 minutos • Grado de dificultad 1

1. Precaliente una sandwichera o una plancha para paninis a temperatura media-alta.

2. Corte los panes a la mitad y unte las bases con la mayonesa y la mostaza. Cubra con el queso y agregue las uvas pasas sultanas y las semillas de comino. Cubra con sus respectivas tapas.

3. Tueste de 5 a 10 minutos, hasta que el pan esté dorado y crujiente y que el queso se haya derretido. Sirva caliente.

Si a usted le gustó esta receta, también le gustarán:

Panini de QUESO PECORINO, MIEL DE ABEJA Y NUEZ

Panini de JITOMATES DESHIDRATADOS Y QUESO

Panini de QUESO Y CEBOLLA CARAMELIZADA

Panini de SALCHICHA ITALIANA Y CEBOLLA

2	cucharadas de aceite de oliva extra virgen
2	cebollas blancas grandes, rebanadas
2	salchichas italianas grandes
2	panes blancos o integrales de textura firme
4–6	cucharadas de cátsup o salsa barbecue, comprada o hecha en casa (vea página 10)

Rinde 2 porciones • Preparación 10 minutos • Cocción de 10 a 15 minutos • Grado de dificultad 1

1. Precaliente una sandwichera o una plancha para paninis a temperatura media-alta.

2. Caliente el aceite en una sartén mediana a fuego medio-bajo y saltee la cebolla de 4 a 5 minutos, hasta que esté suave y ligeramente dorada. Reserve.

3. Corte las salchichas a la mitad y cocine en la misma sartén de 5 a 10 minutos, hasta que se doren.

4. Corte los panes a la mitad y cubra las bases con una capa de cebolla. Cubra con la salchicha y la cebolla restante. Rocíe con la cátsup o barbecue. Cubra los panes con sus respectivas tapas.

5. Tueste de 5 a 10 minutos, hasta que el pan esté dorado y crujiente y que el relleno se haya calentado por completo. Sirva caliente.

Panini de SALAMI PICANTE, ACEITUNAS Y AJO

2   rebanadas cuadradas de pan focaccia natural (de aproximadamente 20 cm/8 in cada una)

2   jitomates grandes maduros, partidos en rebanadas

100   gramos (3 oz) de salami picante, partido en rebanadas delgadas

2   dientes de ajo, finamente rebanados

4   aceitunas negras grandes, deshuesadas y toscamente picadas

2   cucharadas de orégano fresco, finamente picado (o perejil de hoja plana)

2   cucharadas de aceite de oliva extra virgen

Sal y pimienta negra recién molida

Rinde 2 porciones • Preparación 10 minutos • Cocción de 5 a 10 minutos • Grado de dificultad 1

1. Precaliente una sandwichera o una plancha para paninis a temperatura media-alta.

2. Corte el pan focaccia a la mitad. Cubra las bases del pan con rebanadas de jitomate y el salami. Cubra con el ajo, aceitunas y orégano. Rocíe con el aceite y sazone con sal y pimienta. Cubra con la tapa superior del pan focaccia.

3. Tueste de 5 a 10 minutos, hasta que el pan focaccia esté dorado y crujiente y que el relleno se haya calentado por completo. Sirva caliente.

Si no tiene mucho tiempo, puede utilizar berenjenas o pimientos cocidos enlatados o de frasco, bien escurridos.

Panini de VERDURAS A LA PARRILLA CON PESTO

1	pimiento (capsicum) rojo, rebanado
1	berenjena (aubergine) pequeña, con piel y rebanada
1	calabacita (zucchini-courgette), rebanada longitudinalmente
	Sal
2	cucharadas de aceite de oliva extra virgen
$1/2$	taza (125 ml) de pesto comprado o hecho en casa (vea página 42)
2	panes chapata (de aproximadamente 8 x 20 cm/3 x 8 in cada uno)
1	cucharada de menta fresca, finamente picada

Rinde 2 porciones • Preparación 15 minutos • Cocción de 15 a 20 minutos • Grado de dificultad 1

1. Precaliente una sandwichera o una plancha para paninis a temperatura media-alta.

2. Sazone con un poco de sal el pimiento, la berenjena y la calabacita. Rocíe con un poco de aceite. Cocine sobre una sartén para asar sobre fuego medio-alto de 10 a 15 minutos, hasta que estén suaves y se les hayan marcado líneas negras.

3. Parta las chapatas horizontalmente a la mitad y unte sobre las bases una capa de pesto. Cubra con las verduras asadas a la parrilla y la menta. Rocíe con el pesto restante. Cubra las chapatas con sus tapas.

4. Tueste de 5 a 10 minutos, hasta que el pan esté dorado y crujiente y que el relleno se haya calentado por completo. Sirva caliente.

Si a usted le gustó esta receta, también le gustarán:

Panini CAPRESE

Emparedados de
CHAMPIÑONES A
LA PARRILLA

Focaccias
VEGETARIANAS A
LA PARRILLA

Panini de PAVO, PIMIENTO Y AVELLANAS

4   cucharadas (60 ml) de mayonesa comprada o hecha en casa (vea página 42)

4   rebanadas grandes y gruesas de pan blanco o integral con textura gruesa (estilo casero)

2   cucharaditas de mayonesa Dijon

4-6 piezas de pimientos (capsicums) asados, comprados y muy bien escurridos

120 gramos (4 oz) de pavo asado, partido en rebanadas delgadas

4   cucharadas de avellanas, tostadas y picadas toscamente

    Sal y pimienta negra recién molida

Rinde 2 porciones • Preparación 10 minutos • Cocción de 5 a 10 minutos • Grado de dificultad 1

1. Precaliente una sandwichera o una plancha para paninis a temperatura media-alta.

2. Mezcle la mayonesa y la mostaza en un tazón pequeño. Unte la mezcla de mayonesa sobre dos de las rebanadas de pan. Cubra con el pavo y los pimientos. Espolvoree con las avellanas y sazone con sal y pimienta. Cubra con las rebanadas restantes de pan.

3. Tueste de 5 a 10 minutos, hasta que el pan esté dorado y crujiente y que el relleno se haya calentado por completo. Sirva caliente.

Panini de pan de centeno con
QUESTO Y TOCINO

4	rebanadas grandes y gruesas de pan de centeno
120	gramos (4 oz) de queso emmenthal, partido en rebanadas delgadas
2–3	rebanadas grandes de tocino (o pancetta), sin orillas
1	diente de ajo pequeño, finamente picado
	Pimienta negra recién molida

Rinde 2 porciones • Preparación 10 minutos • Cocción de 5 a 10 minutos • Grado de dificultad 1

1. Precaliente una sandwichera o una plancha para paninis a temperatura media-alta.

2. Cubra dos de las rebanadas de pan con el queso y el tocino. Espolvoree con el ajo. Sazone con pimienta negra recién molida. Cubra con las rebanadas restantes de pan.

3. Tueste de 5 a 10 minutos, hasta que el pan esté dorado y crujiente y que el relleno se haya calentado por completo. Sirva caliente.

Este sándwich lleva su nombre en honor a la famosa ensalada originaria de la hermosa isla de Capri, situada frente a la costa de Nápoles al sur de Italia. Asegúrese de utilizar queso mozzarella di búfala (mozzarella de búfala de agua) de muy buena calidad o algún otro tipo de queso mozzarella fresco y no el que se usa para preparar pizza. También necesitará aceite de oliva extra virgen de la mejor calidad y albahaca fresca.

Panini CAPRESE

1	baguette larga (pan tipo francés) (o chapatas)
150	gramos (5 oz) de queso fresco mozzarella de búfala, rebanado
2	jitomates medianos, partidos en rebanadas delgadas
	Sal y pimienta negra recién molida
1	Hojas de albahaca fresca
1–2	cucharadas de aceite de oliva extra virgen

Rinde 1 ó 2 porciones • Preparación 10 minutos • Cocción de 5 a 10 minutos • Grado de dificultad 1

1. Precaliente una sandwichera o una plancha para paninis a temperatura media-alta.

2. Corte la baguette horizontalmente a la mitad. Cubra la tapa inferior del pan con las rebanadas de queso mozzarella y los jitomates. Espolvoree con el orégano y las hojas de albahaca. Sazone con sal y pimienta y rocíe con el aceite. Cubra con la tapa superior de la baguette.

3. Tueste de 5 a 10 minutos, hasta que el pan esté dorado y crujiente y que el relleno se haya calentado por completo. Sirva caliente.

Si a usted le gustó esta receta, también le gustarán:

Panini de ARUGULA, JITOMATE Y QUESO DE CABRA

Wraps de ESPINACA Y QUESO PROVOLONE CON PESTO

Baguettes de JITOMATE Y ARÚGULA

Si usted va a cocinar el pollo para preparar estos sándwiches, consulte las instrucciones para cocer pechugas de pollo en la página 60. También puede utilizar rebanadas de pollo o pavo ahumado para preparar este panini.

Panini de POLLO, QUESO FETA Y PESTO

2 rebanadas cuadradas de pan focaccia natural (de aproximadamente 20 cm/8 in cada una)

$^1/_2$ taza (125 ml) de pesto comprado o hecho en casa (vea página 42)

$^1/_2$ taza (50 g) de aceitunas Kalamata, deshuesadas y picadas toscamente

2 jitomates, partidos en rebanadas delgadas

150 gramos (5 oz) de queso feta, rebanado

1 pechuga de pollo cocida, rebanada, o aproximadamente 150 g (5 oz) de pollo rostizado o asado a la parrilla

Sal y pimienta negra recién molida

1–2 cucharadas de aceite de oliva extra virgen

Rinde 2 porciones • Preparación 10 minutos • Cocción de 5 a 10 minutos • Grado de dificultad 1

1. Precaliente una sandwichera o una plancha para paninis a temperatura media-alta.

2. Corte las piezas de pan focaccia a la mitad. Cubra las bases del pan con el pesto. Cubra con las aceitunas, jitomates, espinaca, queso feta y pollo. Sazone con sal y pimienta y rocíe con el aceite. Tape con las piezas de focaccia superiores.

3. Tueste de 5 a 10 minutos, hasta que el pan esté dorado y crujiente y que el relleno se haya calentado por completo. Sirva caliente.

Si a usted le gustó esta receta, también le gustarán:

Panini de POLLO, APIO Y PISTACHES

Panini de PAVO, PIMIENTO Y AVELLANAS

Panini de PAN ÁCIDO CON ENSALADA PICANTE DE POLLO

Panini de JITOMATES DESHIDRATADOS Y QUESO

¹/₄ taza (50 ml) de queso de cabra cremoso, tipo chèvre o caprino

¹/₄ taza (50 ml) de queso ricotta

¹/₄ cucharadita de orégano seco

4 rebanadas grandes de pan ácido (sourdough)

1 cucharada de aceite de oliva extra virgen

1 taza (50 g) de hojas de espinaca pequeña

4-6 jitomates deshidratados, escurridos y picados toscamente

60 gramos (2 oz) de queso parmesano, en láminas

Pimienta negra recién molida

Rinde 2 porciones • Preparación 10 minutos • Cocción de 5 a 10 minutos • Grado de dificultad 1

1. Precaliente una sandwichera o una plancha para paninis a temperatura media-alta.

2. Mezcle en un tazón el queso de cabra con el queso ricotta y el orégano.

3. Barnice uno de los lados de cada rebanada de pan con aceite. Coloque dos rebanadas en una superficie de trabajo, con el lado engrasado con aceite hacia abajo, y unte el otro lado con la mezcla de queso. Cubra con las espinacas, jitomates deshidratados y queso parmesano. Sazone con sal y pimienta. Cubra con las rebanadas restantes de pan.

4. Tueste de 5 a 10 minutos, hasta que el pan esté dorado y crujiente y que el relleno se haya calentado por completo. Sirva caliente.

Panini de ROAST BEEF Y CEBOLLA MARINADA EN VINAGRE BALSÁMICO

1   cebolla morada pequeña, finamente rebanada

Sal y pimienta negra recién molida

5   cucharadas (75 ml) de vinagre balsámico

2   panes chapata

120   gramos (4 oz) de roast beef, rebanado

6   jitomates cereza, rebanados

Hojas frescas de albahaca

Rinde 2 porciones • Preparación 10 minutos + 1 hora para marinar • Cocción de 5 a 10 minutos • Grado de dificultad 1

1. Precaliente una sandwichera o una plancha para paninis a temperatura media-alta.

2. Coloque la cebolla en un tazón pequeño. Sazone con sal y pimienta y cubra con el vinagre balsámico. Deje marinar por lo menos durante una hora.

3. Corte el pan chapata horizontalmente a la mitad. Cubra las bases con una capa de roast beef, jitomates y albahaca. Escurra la cebolla y acomódela sobre la albahaca. Rocíe con el vinagre balsámico que utilizó para marinar la cebolla. Cubra con las tapas de las chapatas.

4. Tueste de 5 a 10 minutos, hasta que el pan esté dorado y crujiente y que el relleno se haya calentado por completo. Sirva caliente.

El delicioso pan ácido o sourdough contiene lactobacilos cultivados, los cuales enriquecen su distintivo sabor. El pan sourdough combina muy bien con pollo y también con chile, haciendo de esta receta una triunfadora cada vez que se prepara.

Panini de PAN SOURDOUGH CON ENSALADA PICANTE DE POLLO

90 gramos (3 oz) de panceta o tocino, cortada en cubos pequeños

4 rebanadas de pan ácido (sourdough)

$1/2$ taza (125 ml) de aderezo César

1 pechuga de pollo cocida (aproximadamente 150 g/5 oz), cortada en cubos

1 taza (150 g) de queso cheddar recién rallado

1 chile rojo, sin semillas y finamente picado

1 cucharada de cilantro fresco, picado toscamente

2 cucharadas de mantequilla derretida

Rinde 2 porciones • Preparación 10 minutos • Cocción de 5 a 10 minutos • Grado de dificultad 1

1. Precaliente una sandwichera o una plancha para paninis a temperatura media-alta.

2. Coloque la pancetta en una sartén pequeña sobre fuego medio y deje cocer hasta que esté dorada y crujiente.

3. Unte un lado de cada rebanada de pan con el aderezo César. Coloque el pollo sobre dos de las rebanadas de pan, espolvoree con el queso, la pancetta, el chile y el cilantro. Cubra con las rebanadas restantes de pan. Barnice con la mantequilla la parte exterior de las rebanadas del pan.

4. Tueste de 5 a 10 minutos, hasta que el pan esté dorado y crujiente y que el relleno se haya calentado por completo. Sirva caliente.

Si a usted le gustó esta receta, también le gustarán:

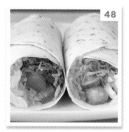

Wraps de POLLO DULCE Y PICANTE

Wraps de POLLO Y PIMIENTO

Wraps de POLLO TANDORI Y YOGURT

Panini de MANZANA ASADA Y QUESO

2   manzanas Granny Smith, descorazonadas y cortadas en rebanadas delgadas

8   rebanadas de pan con canela y uvas pasas

125   gramos (4 oz) de queso brie, partido en rebanadas delgadas

4   cucharadas de nuez, en mitades

Rinde 4 porciones • Preparación 10 minutos • Cocción de 20 a 25 minutos • Grado de dificultad 1

1. Precaliente el horno a 200°C (400°F/gas 6).

2. Engrase ligeramente con aceite una charola para hornear y cubra con las rebanadas de manzana. Hornee de 15 a 20 minutos, hasta que las manzanas estén suaves y doradas y que se les haya formado una corteza caramelizada en la parte inferior.

3. Precaliente una sandwichera o una plancha para paninis a temperatura media-alta.

4. Coloque sobre una superficie 4 rebanadas de pan con canela y uvas pasas. Cubra con el queso, las rebanadas de manzana asadas y nueces. Cubra cada sándwich con otra rebanada de pan.

5. Tueste de 5 a 10 minutos, hasta que el pan esté dorado y crujiente y que el queso se haya derretido. Sirva caliente.

Panini de QUESO Y CHUTNEY EN PAN ÁCIDO

8   rebanadas de pan ácido (sourdough)

8   rebanadas grandes de queso cheddar

Aproximadamente 1/2 taza (120 g) de chutney de tomate verde o de fruta, comprado o hecho en casa (vea página 42)

4   cucharadas (60 g) de mantequilla, a temperatura ambiente (opcional)

Hojas de cilantro fresco

Rinde 4 porciones • Preparación 10 minutos • Cocción de 5 a 10 minutos • Grado de dificultad 1

1. Precaliente una sandwichera o una plancha para paninis a temperatura media-alta.

2. Coloque sobre una superficie 4 rebanadas de pan y unte cada una con 1 ó 2 cucharadas de chutney. Cubra con dos rebanadas de queso y algunas hojas de cilantro. Tape con otra rebanada de pan.

3. Si lo desea, barnice con mantequilla la parte exterior del pan.

4. Tueste de 5 a 10 minutos, hasta que el pan esté dorado y el queso derretido. Sirva caliente.

El clásico panini Reuben tiene varias capas de carne (ya sea corned beef o pastrami), sauerkraut (col agria), queso suizo y aderezo, preparado con rebanadas gruesas de pan de centeno. Según cuenta la leyenda, lo inventó Reuben Arnold, propietario de la famosa tienda Reuben's Delicatessen de Nueva York, en el año de 1920. La tienda ya no existe, pero el sándwich aún sigue vivo.

Panini REUBEN CLÁSICO

8	rebanadas de pan de centeno
¼	taza (60 g) de mantequilla derretida
1	taza (250 ml) de aderezo mil islas
8	rebanadas de queso suizo
1	lata (400 g/14 oz) de sauerkraut, bien escurrida
8	g (8 oz) de corned beef, en rebanadas delgadas

Rinde 4 porciones • Preparación 10 minutos • Cocción de 5 a 10 minutos • Grado de dificultad 1

1. Precaliente una sandwichera o una plancha para paninis a temperatura media-alta.

2. Barnice un lado de cada rebanada de pan con una capa delgada de mantequilla.

3. Voltee cuatro rebanadas de pan y barnícelas con el aderezo mil islas. Cubra con el queso suizo, sauerkraut y corned beef. Cubra con las rebanadas restantes de pan y barnice nuevamente con mantequilla la parte exterior del pan.

4. Tueste de 5 a 10 minutos, hasta que el pan esté dorado y crujiente y que el relleno se haya calentado por completo. Sirva caliente.

Si a usted le gustó esta receta, también le gustarán:

Panini de pan de centeno con
QUESO Y TOCINO

Panini de
ROAST BEEF Y CEBOLLA
MARINADA CON VINAGRE
BALSÁMICO

Panini de CHAMPIÑONES,
TOCINO Y PESTO

Panini de CHAMPIÑONES ASADOS Y QUESO MOZZARELLA

4-6   champiñones blancos medianos, sin tallos

2   cucharadas de aceite de oliva extra virgen

     Sal

½   taza (120 ml) de tapenade de aceitunas verdes comprado o hecho en casa (vea página 10)

1   baguette larga (pan tipo francés) cortada a la mitad y horizontalmente una vez más a la mitad, para preparar 2 sándwiches

250   gramos (8 oz) de queso mozzarella fresco, rebanado

1   taza (50 g) de berros

Rinde 2 porciones • Preparación 10 minutos • Cocción de 15 a 20 minutos • Grado de dificultad 1

1. Precaliente el horno a 225°C (450°F/gas 7). Coloque los champiñones en una charola para asar y sazone con sal. Rocíe con el aceite. Ase alrededor de 10 minutos, hasta que estén suaves y que las orillas se tornen de color café.

2. Precaliente una sandwichera o una plancha para paninis a temperatura media-alta.

3. Unte el tapenade sobre las bases del pan. Cubra con las rebanadas de queso mozzarella. Acomode los champiñones sobre el queso y por último, los berros. Cubra con las piezas de baguette correspondientes.

4. Tueste de 5 a 10 minutos, hasta que el pan esté dorado y crujiente y que el relleno se haya calentado por completo. Sirva caliente.

Panini de CHAMPIÑONES, TOCINO Y PESTO

8   rebanadas de pan blanco, integral o de maíz

¹/₄   taza (60 g) de mantequilla derretida

¹/₂   taza (120 g) de pesto comprado o hecho en casa (vea página 42)

1   taza de champiñones blancos, rebanados

¹/₂   taza (120 ml) de aderezo ranch comprado o hecho en casa (vea página 56)

250   gramos (8 oz) de queso mozzarella, rallado

12   rebanadas de tocino frito

2   jitomates, rebanados

¹/₄   cucharadita de pimienta recién molida

8   hojas grandes de albahaca fresca

Rinde 4 porciones • Preparación 15 minutos • Cocción de 5 a 10 minutos • Grado de dificultad 1

1. Precaliente una sandwichera o una plancha para paninis a temperatura media-alta.

2. Barnice un lado de cada rebanada de pan con una capa delgada de mantequilla derretida. Unte el pesto sobre cuatro rebanadas del pan y reserve.

3. Unte las otras cuatro rebanadas de pan con el aderezo ranch. Cubra con el queso mozzarella, tocino, champiñones y jitomates. Sazone con pimienta y cubra con las hojas de albahaca. Cubra con las rebanadas de pan con pesto (con el pesto hacia el interior).

4. Tueste de 5 a 10 minutos, hasta que el pan esté dorado y crujiente y que el relleno se haya calentado por completo. Sirva caliente.

La jalea de cebolla caramelizada tiene un delicioso sabor dulce que combina a la perfección con el queso y el pan. Se puede comprar en muchos supermercados, pero le recomendamos que pruebe nuestra sencilla receta en la página 42. Pruébela con otros paninis de este capítulo; agregue una capa de mermelada al Panini de Manzana Asada y Queso de la página 34, o sustitúyala por el chutney de la receta para Panini en pan Sourdough con queso y Chutney de la página 35.

Panini de QUESO Y CEBOLLA CARAMELIZADA

8 rebanadas de pan integral o de pan de nuez

4 cucharadas (60 g) de mantequilla derretida

Aproximadamente 1/2 taza (120 g) de jalea de cebolla caramelizada comprada o hecha en casa (vea página 42)

150 gramos (5 oz) de queso brie o camembert, partido en rebanadas delgadas

Rinde 4 porciones • Preparación 10 minutos • Cocción de 5 a 10 minutos • Grado de dificultad 1

1. Precaliente una sandwichera o una plancha para paninis a temperatura media-alta.

2. Barnice un lado de cada rebanada de pan con una capa delgada de mantequilla derretida.

3. Coloque cuatro de las rebanadas de pan sobre una superficie de trabajo, con el lado untado con mantequilla boca abajo. Unte con una capa de jalea de cebolla caramelizada y una capa de queso. Cubra el panini con las rebanadas restantes de pan, con el lado con mantequilla hacia arriba.

4. Tueste de 5 a 10 minutos, hasta que el pan esté dorado y crujiente y que el queso se haya derretido por completo. Sirva caliente.

Si a usted le gustó esta receta, también le gustarán:

Panini de HIGOS, PANCETTA Y QUESO DE CABRA

Panini de QUESO, COMINO Y UVAS PASAS SULTANAS

Panini de MANZANA ASADA Y QUESO

PESTO

Rinde aproximadamente 2 tazas (500 ml) • Preparación 10 minutos • Grado de dificultad 1

½	taza (90 g) de piñones, ligeramente tostados	1	taza (250 ml) de aceite de oliva extra virgen
2	dientes de ajo, picados toscamente	5	tazas (125 g) de hojas de albahaca
½	taza (60 g) de queso parmesano, rallado toscamente		Sal y pimienta negra recién molida

1. Muela los piñones y el ajo en un procesador de alimentos, hasta obtener una pasta grumosa.

2. Agregue el queso y la mitad del aceite y mezcle hasta incorporar por completo. Agregue las hojas de albahaca y continúe moliendo, haciendo pausas continuas para bajar los ingredientes que se peguen a los lados ocasionalmente, hasta integrar por completo.

3. Agregue gradualmente el aceite restante y mezcle hasta obtener la consistencia deseada. Sazone con sal y pimienta.

4. Utilice el pesto de inmediato o almacene en un recipiente hermético en el refrigerador durante 4 ó 5 días.

MAYONESA

Rinde aproximadamente 1½ taza (375 ml) • Preparación 15 minutos • Grado de dificultad 1

2	yemas de huevo grandes	1	cucharada de vinagre de vino blanco
2	cucharaditas de mostaza Dijon	1	taza (250 ml) de aceite de oliva extra virgen
1	cucharada de jugo de limón amarillo recién exprimido		Sal y pimienta blanca recién molida

1. Coloque las yemas de huevo, mostaza, jugo de limón y vinagre en un tazón mediano y bata con ayuda de un batidor globo, hasta integrar. Agregue gradualmente 3 cucharadas de aceite y continúe batiendo hasta incorporar por completo.

2. Agregue el aceite restante en hilo continuo, batiendo hasta obtener una consistencia espesa y cremosa. Sazone con sal y pimienta.

3. Almacene en un recipiente hermético dentro del refrigerador durante 2 ó 3 días.

Jalea de cebolla CARAMELIZADA

Rinde aproximadamente 3 tazas (750 ml) • Preparación 10 minutos + 12 horas para enfriar • Cocción de 60 a 75 minutos • Grado de dificultad 1

3	cucharadas de aceite de oliva extra virgen		vinagre de malta
1	kilogramo (2 lb) de cebollas blancas, rebanadas finamente	2	cucharadas de mostaza con semillas
1	taza (200 g) compacta de azúcar mascabado	1	cucharadita de ralladura fina de naranja
3/4	taza (180 ml) de	3	bayas de enebro, amartajadas

1. Caliente el aceite en una olla mediana sobre fuego lento. Agregue las cebollas, mezcle para que se cubran con aceite y deje cocer de 30 a 45 minutos, revolviendo continuamente, hasta que se caramelicen.

2. Agregue los demás ingredientes, mezcle hasta incorporar y lleve a ebullición. Disminuya el fuego y deje hervir a fuego lento alrededor de 30 minutos, revolviendo frecuentemente, hasta obtener una consistencia espesa y pegajosa.

3. Usando una cuchara pase la mezcla a tarros de vidrio esterilizados y selle. Deje enfriar durante toda la noche antes de utilizar. Almacene en el refrigerador hasta por 2 meses.

Chutney de TOMATE VERDE

Rinde aproximadamente 5 tazas (1.25 litro) • Preparación 30 minutos + 12 horas para enfriar • Cocción 90 minutos • Grado de dificultad 1

2	kilogramos (4½ lb) de tomates verdes, picados	4	chiles rojos secos (peperoncino o de árbol sin semillas) pequeños, finamente picados
3	cebollas, picadas		
3	manzanas verdes, sin piel, descorazonadas y picadas	3	hojas de laurel
		2	cucharaditas de sal
1½	taza (375 ml) de vinagre de sidra	2	cucharaditas de semillas negras de mostaza
1½	taza (300 g) de azúcar	1	cucharadita de granos de pimienta negra
⅓	taza (60 g) de uvas pasas doradas (sultanas)	1	cucharadita de clavos de olor enteros

1. Coloque los tomates verdes, cebollas, manzanas, vinagre de sidra y azúcar en una olla grande y caliente a fuego medio. Revuelva y hierva a fuego lento hasta que el azúcar se haya disuelto. Agregue las uvas pasas doradas, chiles, hojas de laurel, sal y semillas de mostaza y mezcle hasta incorporar.

2. Coloque los granos de pimienta y clavos de olor en un trozo pequeño de manta de cielo. Amarre con hilo de cocina para hacer una bolsa de especias. Agregue a la olla y continúe hirviendo a fuego lento alrededor de 1½ hora, revolviendo frecuentemente, hasta que espese.

3. Usando una cuchara pase el chutney a tarros de vidrio esterilizados y selle. Deje enfriar durante toda la noche antes de utilizar. Almacene en un lugar fresco y oscuro durante varios meses. Refrigere una vez abierto.

Panini de AZÚCAR Y ESPECIAS

4 cucharadas de azúcar mascabado

1/2 cucharadita de canela molida

1/2 cucharadita de jengibre molido

1/4 cucharadita de nuez moscada molida

Una pizca de clavo de olor molido

2 cucharadas de mantequilla derretida

1 plátano pequeño, rebanado finamente

2-3 cucharadas de almendras en hojuelas

4 rebanadas de pan blanco o integral para sándwich (pan de caja)

Rinde 2 porciones • Preparación 10 minutos • Cocción de 5 a 10 minutos • Grado de dificultad 1

1. Precaliente una sandwichera o una plancha para paninis a temperatura media-alta.

2. Mezcle el azúcar con la canela, jengibre, nuez moscada y clavo de olor en un tazón mediano.

3. Barnice un lado de cada rebanada de pan con una capa delgada de mantequilla. Cubra dos rebanadas de pan con el plátano. Espolvoree con las almendras y la mezcla dulce de especias. Cubra con las rebanadas restantes de pan. Corte las orillas.

4. Tueste de 5 a 10 minutos, hasta que el pan esté dorado y crujiente. Corte cada panini diagonalmente a la mitad para formar triángulos. Sirva caliente.

Panini de CHOCOLATE, AVELLANAS Y ALMENDRAS

½ taza (120 g) de crema de avellanas y chocolate

2-3 cucharadas de almendras en hojuelas

4 rebanadas de pan blanco para sándwich (pan de caja)

Rinde 2 porciones • Preparación 10 minutos • Cocción de 5 a 10 minutos • Grado de dificultad 1

1. Precaliente una sandwichera o una plancha para paninis a temperatura media-alta.

2. Unte la crema de avellanas y chocolate sobre dos rebanadas de pan. Espolvoree con las almendras. Cubra con las rebanadas restantes de pan. Corte las orillas.

3. Tueste de 5 a 10 minutos, hasta que el pan esté dorado y crujiente. Corte cada panini diagonalmente a la mitad, para formar triángulos. Sirva caliente.

wraps

Wraps de TOCINO, LECHUGA Y JITOMATE

4	tortillas de harina grandes
8	rebanadas de tocino, sin grasa
1	paquete (90g/3 oz) de queso crema, suavizado
2	jitomates, sin semillas y picados
1	aguacate, sin hueso y picado
2	cebollitas de cambray, picadas
2	tazas (50 g) de mezcla de hortalizas verdes para ensalada
$^{1}/_{2}$	taza (125 g) de mayonesa comprada o hecha en casa (vea página 42)
1	cucharada de mostaza Dijon

Rinde 4 porciones • Preparación 20 minutos • Cocción 5 minutos • Grado de dificultad 1

1. Envuelva las tortillas en dos capas de toallas de papel de cocina ligeramente húmedas y meta al horno de microondas a potencia alta durante 45 segundos. O, si lo desea, caliente sobre fuego medio en una sartén o en un comal sin aceite.

2. Caliente una sartén grande sobre fuego medio. Añada el tocino, saltee alrededor de 5 minutos, hasta que esté dorado y crujiente. Desmorone en trozos pequeños sobre un tazón.

3. Añada los jitomates, aguacates, cebollitas de cambray y mezcla de hortalizas. Mezcle la mayonesa y la mostaza en un tazón pequeño y añada al tazón con la mezcla del tocino. Revuelva.

4. Unte un poco del queso crema sobre cada tortilla caliente. Distribuya la mezcla de tocino sobre las tortillas y enrolle. Sirva inmediatamente.

Si a usted le gustó esta receta, también le gustarán:

Wraps de POLLO Y PIMIENTO

Wraps de QUESO, SALAMI Y ARÚGULA

Wraps de PAVO Y AGUACATE

Wraps de POLLO DULCE Y PICANTE

4	tazas (400 g) de pollo cocido, deshebrado
½	taza (120 ml) de mayonesa comprada o hecha en casa (vea página 42)
2	cucharadas de salsa de chile dulce comprada o hecha en casa (vea página 10)
4	piezas de pan plano libanés, pan árabe o tortillas de harina
1	pepino, finamente rebanado
2	jitomates, picados
1	zanahoria grande, finamente rallada
2	tazas (100 g) de lechuga, finamente rallada
	Sal y pimienta negra recién molida

Rinde 4 porciones • Preparación 10 minutos • Cocción de 5 a 10 minutos • Grado de dificultad 1

1. Envuelva las tortillas o panes en dos capas de toallas de papel de cocina ligeramente húmedas y meta al horno de microondas durante 45 segundos a potencia alta. O, si lo desea, caliente sobre fuego medio en una sartén sin aceite.

2. Mezcle el pollo, la mayonesa y la salsa de chile dulce en un tazón grande.

3. Ponga las tortillas sobre una superficie limpia. Divida uniformemente la mezcla de pollo, pepino, jitomates, zanahoria y lechuga sobre las tortillas. Sazone con sal y pimienta. Enrolle y corte cada wrap a la mitad. Sirva mientras estén todavía calientes.

Wraps de POLLO Y PIMIENTO

Mezcla de Especias

2	cucharaditas de orégano seco
1	cucharadita de páprika dulce
1	cucharadita de comino molido
1	cucharadita de cebolla en polvo
1	cucharadita de ajo en polvo
1	cucharadita de sal de mar
½	cucharadita de chile chipotle molido

Wraps

60	gramos (1¼ lb) de pechuga de pollo en filetes, sin piel
3	cucharadas (45 ml) de aceite de oliva extra virgen + el necesario para rociar
1	pimiento (capsicum) rojo
1	pimiento (capsicum) verde
1	cebolla grande, finamente rebanada
8	tortillas de harina
1	taza (250 ml) de guacamole comprado o hecho en casa (vea página 52)
½	taza (125 g) de crema ácida

Rinde de 4 a 8 porciones • Preparación 10 minutos + 12 horas para enfriar • Cocción de 5 a 10 minutos • Grado de dificultad 2

Mezcla de Especias

1. Mezcle todos los ingredientes en un tazón pequeño.

Wraps

1. Mezcle el pollo, aceite y la mezcla de especias en un tazón mediano y revuelva para cubrir. Tape y refrigere durante toda la noche.

2. Precaliente un asador de carbón a fuego alto y una parrilla plana a fuego medio. Ase los pimientos al carbón hasta que se ennegrezcan y le salgan ampollas a la piel. Coloque en un tazón mediano, cubra con plástico adherente y reserve durante 10 minutos. Retire las pieles.

3. Rocíe la parrilla plana con un poco de aceite. Cocine la cebolla hasta suavizar y dorar. Ase el pollo al carbón durante 4 ó 5 minutos de cada lado, hasta que esté completamente cocido. Rebane en tiras delgadas.

4. Envuelva las tortillas en dos capas de toallas de papel de cocina ligeramente húmedas y meta al horno de microondas durante 45 segundos a potencia alta. O, si lo desea, caliente sobre fuego medio en una sartén o comal sin aceite.

5. Unte una capa de guacamole sobre cada tortilla. Cubra con los pimientos, crema y el pollo. Enrolle y sirva caliente.

Los wraps son sándwiches enrollados que se hacen al envolver tortillas de harina o algún otro pan plano como el pan árabe, lavash o naan, alrededor de algunos ingredientes que se pueden usar también para preparar sándwiches. Son muy parecidos a los tacos y a los burritos y probablemente tengan su inspiración en estos clásicos platillos mexicanos. Muchos de los wraps, incluyendo el de esta página, se untan con guacamole, un clásico acompañamiento mexicano para untar o usar como salsa, hecho con aguacates machacados y sazonados con sal, chile, ajo y jugo de limón.

Wraps de RAPS DE CAMARÓN Y PIÑA CON GUACAMOLE

8	camarones medianos sin cabeza ni cáscara y limpios
2	rebanadas de piña fresca o enlatada, picada
2	tortillas de harina grandes
½	taza (120 g) de guacamole comprado o hecho en casa (vea página 52)
2	cucharadas de cilantro fresco, finamente picado
	Sal y pimienta negra recién molida

Rinde 2 porciones • Preparación 10 minutos • Cocción de 3 a 5 minutos • Grado de dificultad 1

1. Envuelva las tortillas en dos capas de toallas de papel de cocina ligeramente húmedas y meta al horno de microondas durante 45 segundos a potencia alta. O, si lo desea, caliente sobre fuego medio en una sartén o comal sin aceite.

2. Mezcle los camarones con la piña sobre una parrilla precalentada sobre fuego alto y cocine de 3 a 5 minutos, volteándolos frecuentemente, hasta que los camarones estén rosados y completamente cocidos.

3. Unte las tortillas con guacamole y cubra con los camarones y la piña. Espolvoree con el cilantro.

4. Sazone con sal y pimienta. Enrolle y sirva caliente.

Si a usted le gustó esta receta, también le gustarán:

Wraps de SALMÓN Y QUESO CREMA

Wraps de ATÚN Y PESTO

Emparedados de CAMARONES Y AGUACATE

GUACAMOLE

Rinde aproximadamente 2 tazas (500 ml) • Preparación de 10 a 15 minutos • Grado de dificultad 1

2	aguacates, cortados longitudinalmente a la mitad, sin hueso		finamente rebanadas
2	cucharadas de jugo de limón amarillo recién exprimido	½	chile verde serrano, sin semillas, finamente picado
1	diente de ajo, finamente picado		Sal y pimienta negra recién molida
2	cebollitas de cambray,		Un chorrito de salsa picante

1. Usando una cuchara retire la pulpa de un aguacate y ponga en un procesador de alimentos con el jugo de limón y el ajo. Pulse hasta suavizar. Pase a un tazón mediano.

2. Retire la piel del aguacate restante, corte en cubos, agregue al puré. Añada las cebollitas de cambray y el chile; mezcle hasta integrar por completo. Sazone con sal, pimienta y salsa Tabasco.

3. Sirva inmediatamente o el día en que se prepare.

HUMUS

Rinde aproximadamente 3 tazas (750 ml) • Preparación 15 minutos + 12 horas • Cocción 1 hora • Grado de dificultad 1

1	taza (200 g) de garbanzos secos, remojados durante toda la noche en agua fría	3	cucharadas de tahini en pasta
⅓	taza (90 ml) de aceite de oliva extra virgen	3	dientes de ajo, toscamente picados
¼	taza (60 ml) de jugo de limón amarillo recién exprimido	3	cucharaditas de comino molido
			Sal

1. Escurra y enjuague los garbanzos. Ponga en una olla mediana, cubra con agua fría y lleve a ebullición. Cuando suelte el hervor, reduzca el fuego y hierva a fuego lento alrededor de una hora, hasta que estén suaves. Escurra, reservando ½ taza (125 ml) del líquido de cocción.

2. Coloque los garbanzos, aceite, jugo de limón, tahini, ajo y comino en un procesador de alimentos y pulse hasta obtener una pasta gruesa. Añada gradualmente el líquido de cocción reservado, pulsando hasta obtener una pasta suave. Sazone con sal.

3. Use inmediatamente o almacene en un recipiente de cierre hermético en el refrigerador durante 4 ó 5 días.

Salsa de PIÑA

Rinde aproximadamente 4 tazas (1 litro) • Preparación 15 minutos • Grado de dificultad 1

½	piña fresca, sin cáscara, descorazonada y cortada en cubos de 1.5 cm (2/3 in)	2	cucharadas de jugo de limón verde recién exprimido
½	taza (15 g) de cilantro fresco, toscamente picado	1	cucharada de salsa thai de pescado
2	chiles rojos ojo de pájaro o serranos maduros, sin semillas y finamente picados	2	cucharaditas de piloncillo o azúcar de palma, finamente rallado
2	cucharadas de cacahuates tostados, toscamente picados	1	cucharadita de jengibre, finamente rallado
		1	cucharadita de aceite de ajonjolí

1. Mezcle la piña con el cilantro, chiles y cacahuates en un tazón mediano.

2. Mezcle el jugo de limón con la salsa de pescado, piloncillo, jengibre y aceite en un tazón pequeño, hasta que el piloncillo se haya disuelto.

3. Vierta la mezcla del jugo de limón sobre la mezcla de la piña y mezcle para integrar.

4. Use inmediatamente o almacene en un recipiente de cierre hermético en el refrigerador durante 2 ó 3 días.

Salsa de MANGO

Rinde aproximadamente 4 tazas (1 litro) • Preparación 15 minutos • Grado de dificultad 1

2	mangos maduros		exprimidos
2	cebollitas de cambray, finamente rebanadas	1	cucharada de ron blanco
¼	taza de hojas de menta fresca, troceadas	1	cucharadita de azúcar
	Jugo de 2 limones verdes recién		Pimienta negra recién molida

1. Corte los mangos a lo largo de cada lado del hueso formando 2 cachetes. Retire la piel y corte la pulpa en cubos de 1.5 cm (2/3 in). Continúe cortando la pulpa restante en cubos y deseche el hueso.

2. Mezcle el mango, cebollitas de cambray y menta en un tazón mediano.

3. Coloque el jugo de limón, ron y azúcar en un pequeño tazón y revuelva hasta que se haya disuelto el azúcar. Vierta sobre la mezcla del mango y mezcle hasta integrar. Sazone con pimienta.

4. Use inmediatamente o almacene en un recipiente de cierre hermético en el refrigerador durante 2 ó 3 días.

Wraps de QUESO, SALAMI Y ARÚGULA

2   piadinas (pan plano italiano) o tortillas de harina grandes

120   gramos (4 oz) de queso stracchino (o queso crema)

60   gramos (2 oz) de salami picante, finamente rebanado

Un manojo pequeño de arúgula (rocket)

2   cucharadas de aceite de oliva extra virgen

Sal y pimienta negra recién molida

Rinde 2 porciones • Preparación 10 minutos • Cocción 5 minutos • Grado de dificultad 1

1. Envuelva las piadinas en dos capas de toallas de papel de cocina ligeramente húmedas y meta al horno de microondas durante 45 segundos a potencia alta. O, si lo desea, caliente sobre fuego medio en una sartén o comal sin aceite.

2. Unte con el queso, cubra con el salami y la arúgula. Sazone con sal y pimienta. Rocíe con el aceite.

3. Enrolle y sirva caliente.

Wraps de ESPINACAS Y QUESO PROVOLONE CON PESTO

³/₄ taza (180 ml) de crema ácida

¹/₄ taza (60 ml) de pesto comprado o hecho en casa (vea página 42)

4 tortillas de harina integral grandes

2 tazas (50 g) de espinacas frescas, sin los tallos duros, troceadas

1 jitomate grande, finamente rebanado, cortado a la mitad

4 rebanadas grandes de queso provolone, cortadas a la mitad

Rinde 4 porciones • Preparación 10 minutos • Grado de dificultad 1

1. Envuelva las tortillas en dos capas de toallas de papel de cocina ligeramente húmedas y meta al horno de microondas durante 45 segundos a potencia alta. O, si lo desea, caliente sobre fuego medio en una sartén o comal sin aceite.

2. Mezcle la crema con el pesto en un tazón pequeño. Unte la mezcla uniformemente sobre las tortillas. Cubra con hojas de espinaca, jitomate y queso.

3. Enrolle y sirva caliente.

El aderezo Ranch fue inventado por Steve Henson en la década de los años '50 en el rancho de Hidden Valley que tenían él y su esposa cerca de Santa Bárbara, California. El aderezo se hizo tan popular que el matrimonio lo empezó a embotellar y a vender a sus invitados. En 1972 vendieron la marca a la compañía Clorox, la cual todavía hace el aderezo (al igual que muchas otras compañías).

Wraps de PAVO Y AGUACATE

Aderezo Ranch

2	dientes de ajo
$1/2$	cucharadita de sal
1	taza (250 ml) de mayonesa comprada o hecha en casa (vea página 42)
$1/4$	taza (60 ml) de crema ácida o buttermilk
2	cucharadas de perejil fresco, finamente picado
2	cucharadas de cebollín fresco, finamente picado
1	cebollita de cambray, finamente rebanada
1	cucharadita de vinagre de vino blanco
	Pimienta negra recién molida

Wraps

12	rebanadas de tocino, sin la grasa
4	tortillas de harina grandes
2	tazas (50 g) de mezcla de hortalizas pequeñas para ensalada
350	gramos (12 oz) de pechuga de pavo ahumada, rebanada
1	jitomate mediano, rebanado
1	aguacate, sin piel ni hueso, rebanado
2	cucharaditas de jugo de limón verde recién exprimido
	Sal y pimienta negra recién molida
1	taza (50 g) de berros

Rinde 4 porciones • Preparación 20 minutos • Cocción 5 minutos • Grado de dificultad 1

Aderezo Ranch

1. Machaque el ajo y la sal con el lado de un cuchillo grande para chef. Bata el ajo, mayonesa, crema, perejil, cebollín, cebollita de cambray, vinagre y pimienta en un tazón mediano. Use inmediatamente o cubra y refrigere hasta por 3 días.

Wraps

1. Caliente una sartén sobre fuego medio. Saltee el tocino de 3 a 5 minutos, hasta que esté dorado y crujiente. Escurra sobre toallas de papel.

2. Envuelva las tortillas en dos capas de toallas de papel de cocina ligeramente húmedas y meta al horno de microondas durante 45 segundos a potencia alta. O, si lo desea, caliente sobre fuego medio en una sartén o comal sin aceite.

3. Cubra las tortillas con las hortalizas pequeñas seguidas del pavo, tocino, jitomate y aguacate. Rocíe con el jugo de limón. Sazone con sal y pimienta. Cubra con los berros y rocíe con el aderezo Ranch.

4. Enrolle y sirva inmediatamente.

Si a usted le gustó esta receta, también le gustarán:

Panini de
PAVO, AVELLANAS
Y PIMIENTO

Wraps de
PAVO, QUESO AZUL
Y ARÁNDANOS

Bagel de PAVO

Wraps GRIEGOS DE PAN ÁRABE

$^1/_2$ taza (120 ml) de mayonesa comprada o hecha en casa (vea página 42)

1 cucharada de jugo de limón amarillo recién exprimido

1 cebolla morada dulce, finamente picada

$1^1/_2$ taza (400 g) de garbanzos de lata, escurridos y enjuagados

1 pechuga de pollo cocida (150 g/ 5 oz), finamente rebanada

120 gramos (4 oz) de queso feta, desmoronado

1 pimiento (capsicum) verde pequeño, sin semillas y picado

2 jitomates, picados

1 taza (200 g) de tzatziki comprado o hecho en casa (vea página 88)

6 hojas grandes de lechuga crujiente

6 panes árabes

Rinde 6 porciones • Preparación 10 minutos • Cocción de 5 a 10 minutos • Grado de dificultad 1

1. Ponga la mayonesa, jugo de limón, cebolla morada y garbanzos en un tazón mediano. Mezcle hasta integrar por completo, aplastando ligeramente los garbanzos con un tenedor. Integre el pollo, queso feta, pimiento y jitomates.

2. Suavice los panes árabes envolviéndolos en toallas de papel de cocina y metiéndolos en el horno de microondas durante un minuto a potencia alta. O, si lo desea, envuélvalos en una toalla de cocina húmeda y meta al horno durante 5 ó 10 minutos a 150°C (300°F/gas 2).

3. Coloque una hoja de lechuga sobre cada pan árabe. Cubra con el relleno y usando una cuchara cubra con el tzatziki. Envuelva y sirva inmediatamente.

Wraps de ACELGAS Y QUESO

2   cucharadas de aceite de oliva extra virgen

1   cebolla grande, rebanada

3   dientes de ajo, finamente picados

1   cucharada de hojuelas de chile rojo

$^1/_2$ taza (125 ml) de caldo de pollo

1   manojo de acelgas, sin tallos gruesos y picadas

     Sal

8   tortillas de maíz pequeñas

1   taza (150 g) de queso fresco o queso ricotta

1   taza (200 g) de salsa de jitomate comprada o hecha en casa (vea página 88)

Rinde 4 porciones • Preparación 10 minutos • Cocción 15 a 20 minutos • Grado de dificultad 1

1. Caliente el aceite en una sartén sobre fuego medio. Añada la cebolla, saltee de 3 a 5 minutos hasta suavizar. Añada el ajo y las hojuelas de chile rojo, moviendo alrededor de un minuto, hasta que aromatice.

2. Integre el caldo de pollo, acelgas y sal. Tape y deje hervir sobre fuego bajo alrededor de 5 minutos, hasta que las acelgas estén casi suaves. Retire la tapa, suba el fuego a medio, moviendo alrededor de 5 minutos, hasta que el líquido se evapore. Retire del fuego y reserve.

3. Envuelva las tortillas en dos capas de toallas de papel de cocina ligeramente húmedas y meta al horno de microondas durante 45 segundos a potencia alta. O, si lo desea, caliente sobre fuego medio en una sartén o comal sin aceite.

4. Extienda las acelgas sobre las tortillas y cubra con el queso y la salsa. Enrolle y sirva caliente.

Estos wraps son ideales para un almuerzo ligero y saludable. Use sobrantes de pollo o pavo asado, si lo tiene a mano.

Wraps CALIFORNIANOS DE POLLO Y QUESO AZUL

Pechugas de pollo

2	pechugas de pollo, deshuesadas y sin piel
1	cebolla grande, picada
2	zanahorias, picadas
2	hojas de laurel
1	cucharadita de granos de pimienta negra
2	cucharadas de vinagre de vino blanco

Wraps

8	rebanadas de tocino, sin grasa
4	tortillas de harina grandes
150	gramos (5 oz) de queso azul, a temperatura ambiente
$\frac{1}{2}$	taza (125 ml) de mayonesa comprada o hecha en casa (vea página 42)
1	aguacate, sin hueso y rebanado
	Hojas de lechuga orejona crujiente

Rinde 4 porciones • Preparación 20 minutos • Cocción de 20 a 25 minutos • Grado de dificultad 1

Pechugas de pollo

1. Coloque las pechugas de pollo en una olla mediana y cubra con agua fría. Añada cebolla, zanahorias, hojas de laurel, granos de pimienta y vinagre; lleve a ebullición. Sazone con sal. Tape y deje hervir alrededor de 15 minutos, hasta que estén suaves y blancas. Escurra el caldo, desechando las verduras.

Wraps

1. Caliente una sartén sobre fuego medio. Saltee el tocino de 3 a 5 minutos, hasta que esté dorado y crujiente. Escurra sobre toallas de papel.

2. Envuelva las tortillas en dos capas de toallas de papel de cocina ligeramente húmedas y meta al horno de microondas durante 45 segundos a potencia alta. O, si lo desea, caliente sobre fuego medio en una sartén o comal sin aceite.

3. Unte las tortillas con mayonesa y espolvoree con queso azul. Rebane finamente las pechugas de pollo y colóquelas sobre el queso. Cubra con tocino, aguacate y lechuga. Enrolle y sirva caliente.

Si a usted le gustó esta receta, también le gustarán:

Panini de
POLLO, APIO Y
PISTACHES

Wraps de
POLLO, ENSALADA
DE COL Y PAPAYA

Wraps de
POLLO, CHILE
Y ZANAHORIA

Wraps de POLLO TANDOORI Y YOGURT

2 cucharadas de pasta tandoori

1 taza (250 g) de yogurt simple

8 milanesas (aproximadamente 500 g/1 lb) de pechuga de pollo

2 cucharadas de hojas de menta fresca, finamente picadas

1 taza (50 g) de hojas de espinaca pequeña

4 tortillas de harina grandes

Rinde 2 porciones • Preparación 15 minutos + 30 minutos para enfriar • Cocción de 5 a 10 minutos • Grado de dificultad 1

1. Mezcle la pasta tandoori con 1/2 taza (120 ml) de yogurt en un tazón poco profundo de vidrio o cerámica. Añada el pollo. Mezcle hasta integrar. Cubra y refrigere durante 30 minutos.

2. Precaliente una parrilla para asar o un asador para carbón sobre fuego medio alto. Cocine el pollo de 3 a 5 minutos por cada lado, hasta que esté dorado y cocido.

3. Mezcle la menta y la 1/2 taza (120 ml) restante de yogurt en un tazón. Envuelva las tortillas en dos capas de toallas de papel de cocina ligeramente húmedas y meta al horno de microondas durante 45 segundos a potencia alta. O, si lo desea, caliente en la parrilla o comal en el asador o a la parrilla.

4. Extienda las espinacas, pollo y la mezcla de yogurt en el centro de cada wrap. Enrolle y sirva caliente.

Wraps de POLLO, ENSALADA DE COL Y PAPAYA

$^1/_4$ de cabeza de col morada y la misma cantidad de col verde, finamente ralladas

$^1/_2$ taza (25 g) de cilantro fresco, finamente picado

4 cebollitas de cambray, rebanadas

2 cucharadas de salsa de chile habanero picante

Jugo recién exprimido de 1 naranja

Jugo recién exprimido de 1 limón

2 cucharadas de aceite de ajonjolí

250 gramos (8 oz) de pechugas de pollo, deshuesadas, sin piel, cocidas y cortadas en juliana (vea página 60 para las instrucciones de cocción)

1 papaya madura, sin piel y rebanada

4 tortillas de harina grandes

Rinde 4 porciones • Preparación 15 minutos • Cocción de 15 a 20 minutos • Grado de dificultad 1

1. Mezcle la col, cilantro y cebollitas de cambray en un tazón. Añada la salsa picante, jugos de naranja y limón, y aceite de ajonjolí. Mezcle hasta integrar por completo. Añada el pollo y mezcle hasta integrar.

2. Envuelva las tortillas en dos capas de toallas de papel de cocina ligeramente húmedas y meta al horno de microondas durante 45 segundos a potencia alta. O, si lo desea, caliente sobre fuego medio en una sartén o comal sin aceite.

3. Extienda un poco de la mezcla del pollo sobre cada tortilla y cubra con rebanadas de papaya. Enrolle y sirva caliente.

Estos wraps rebanados añaden un bonito toque a una mesa de buffet. Necesitan refrigerarse durante una hora para que estén lo suficientemente firmes para poder rebanarlos. Retire del refrigerador y rebánelos aproximadamente 10 minutos antes de servir.

Wraps de SALMÓN Y QUESO CREMA

1 taza (250 g) de queso crema, a temperatura ambiente

$1/2$ taza (25 g) de mezcla de hierbas frescas: cebollín, eneldo y cebollitas de cambray + las necesarias para adornar, finamente picadas

1 pepino, mediano

8 tortillas de harina grandes

250 gramos (8 oz) de salmón ahumado, finamente rebanado

Rinde 8 porciones • Preparación 20 minutos + 1 hora para enfriar • Grado de dificultad 1

1. Mezcle el queso crema y las hierbas en un tazón pequeño y reserve. Rebane finamente el pepino a lo largo usando una mandolina o un cuchillo muy filoso.

2. Envuelva las tortillas en dos capas de toallas de papel de cocina ligeramente húmedas y meta al horno de microondas durante 45 segundos a potencia alta. O, si lo desea, caliente sobre fuego medio en una sartén o comal sin aceite.

3. Unte las tortillas con una capa de la mezcla de queso crema. Cubra con una capa de rebanadas de pepino seguida de una capa de rebanadas de salmón. Enrolle.

4. Coloque en un platón con el lado de la unión hacia abajo y cubra con plástico adherente. Refrigere durante una hora.

5. Corte en piezas de 5 cm (2 in), desechando las puntas que no estén uniformes. Espolvoree el platón de servir con algunas de las hierbas frescas restantes.

Si a usted le gustó esta receta, también le gustarán:

105

Emparedados de
SALMÓN, MASCARPONE
Y LIMÓN

106

Rollos de SALMÓN
AHUMADO Y QUESO
ROBIOLA

119

Sándwiches de
SALMÓN EN FORMA
DE FLOR

Wraps de SALCHICHA Y TABULE

Tabule

1/3 taza (90 g) de bulgur de grano fino o medio

1 taza (50 g) de perejil fresco, finamente picado

2 cucharadas de menta fresca, finamente picada

1 jitomate grande, finamente picado

1/2 cebolla morada pequeña, finamente picada

1 cucharada de aceite de oliva, extra virgen

1/4 taza (60 ml) de jugo de limón amarillo recién exprimido

Sal y pimienta negra recién molida

Wraps

6 salchichas picantes, como pepperoni

1 cucharada de aceite de oliva, extra virgen

4 panes planos libaneses, panes árabes o tortillas de harina

2/3 taza (150 g) de humus comprado o hecho en casa (vea página 52)

Rinde 4 porciones • Preparación 20 minutos • Cocción 15 minutos • Grado de dificultad 1

Tabule

1. Coloque el bulgur en un tazón y cubra con agua fría. Deje reposar durante 30 minutos.

2. Exprima el exceso de humedad y pase a un tazón. Integre el perejil, menta, jitomate, cebolla, aceite y jugo de limón. Sazone con sal y pimienta.

Wraps

1. Saltee las salchichas en el aceite en una sartén grande sobre fuego medio de 5 a 10 minutos, hasta que estén cocidas. Retire del fuego, corte en rebanadas largas y gruesas.

2. Envuelva los panes planos o tortillas en dos capas de toallas de papel de cocina ligeramente húmedas y meta al horno de microondas durante 45 segundos a potencia alta. O, si lo desea, caliente sobre fuego medio en una sartén o comal sin aceite.

3. Extienda uniformemente el humus sobre el pan y cubra con el tabule y la salchicha. Enrolle con cuidado. Corte cada wrap a la mitad y sirva.

Wraps de JAMÓN Y FRIJOLES

½ taza (125 g) de frijoles bayos en lata, escurridos y enjuagados

½ taza (75 g) de granos de elote, en lata, escurridos

1 jitomate mediano, picado

1 aguacate mediano, picado

1 cucharada de salsa asiática de chile dulce comprada o hecha en casa (vea página 10)

4 tortillas de harina integral grandes

8 rebanadas de jamón

½ taza (75 g) de queso cheddar recién rallado

Rinde 4 porciones • Preparación 10 minutos • Grado de dificultad 1

1. Mezcle los frijoles, granos de elote, jitomates, aguacate y salsa de chile en un tazón.

2. Envuelva las tortillas en dos capas de toallas de papel de cocina ligeramente húmedas y meta al horno de microondas durante 45 segundos a potencia alta. O, si lo desea, caliente sobre fuego medio en una sartén o comal sin aceite.

3. Extienda el jamón, mezcla de frijoles y queso sobre las tortillas. Enrolle y sirva caliente.

Cordero, humus, tabule, aceite de oliva, limones amarillos: este wrap tiene los mejores sabores de Líbano, la tierra al este del Mediterráneo.

Wraps de CORDERO ESTILO LIBANÉS

¼	taza (60 ml) de aceite de oliva extra virgen
1	diente de ajo, machacado
2	cucharadas de jugo de limón amarillo recién exprimido
½	cucharadita de mezcla de hierbas secas Sal y granos de pimienta negra triturados
500	gramos (1 lb) de espaldilla de cordero sin grasa
4	panes libaneses planos o pan árabe
1	taza (250 g) de humus comprado o hecho en casa (vea página 52)
1	taza de tabule (vea página 66)

Rinde 4 porciones • Preparación 20 minutos + 30 minutos para enfriar • Cocción de 10 a 15 minutos • Grado de dificultad 2

1. Mezcle el aceite, ajo, jugo de limón, mezcla de hierbas, sal y pimienta en un tazón de material no metálico, hasta integrar por completo. Añada el cordero y mezcle hasta cubrir uniformemente. Tape y refrigere durante 30 minutos.

2. Caliente un asador para interior o una parrilla para asar a fuego alto. Retire el cordero de la marinada. Ase de 5 a 7 minutos por cada lado, hasta obtener el término deseado. Reserve durante 5 minutos.

3. Envuelva los panes planos o árabes en dos capas de toallas de papel de cocina ligeramente húmedas y meta al horno de microondas durante 45 segundos a potencia alta. O, si lo desea, caliente sobre fuego medio en una sartén o comal sin aceite.

4. Rebane el cordero. Unte las tortillas con el humus y cubra con tabule y el cordero. Enrolle y sirva caliente.

Si a usted le gustó esta receta, también le gustarán:

Wraps estilo LABRADOR

Wraps de ROAST BEEF ESTILO MEDIRERRÁNEO

Wraps de ALBÓNDIGAS Y BABA GANUSH

Wraps estilo LABRADOR

2   panes libaneses planos o tortillas de harina grandes

½   taza (120 g) de chutney de tomate verde o de fruta comprado o hecho en casa (vea página 42)

½   taza (25 g) de queso cheddar recién rallado

4   rebanadas delgadas de roast beef

½   taza (25 g) de mezcla de hortalizas pequeñas para ensalada

1   jitomate grande, partido en cubos

Rinde 2 porciones • Preparación de 5 a 10 minutos • Grado de dificultad 1

1. Envuelva las tortillas en dos capas de toallas de papel de cocina ligeramente húmedas y meta al horno de microondas durante 45 segundos a potencia alta. O, si lo desea, caliente sobre fuego medio en una sartén o comal sin aceite.

2. Unte uniformemente con el chutney. Espolvoree con el queso cheddar. Cubra con el roast beef, mezcla de hortalizas y jitomate. Enrolle y sirva caliente.

Wraps de ROAST BEEF ESTILO MEDITERRÁNEO

2   tazas (500 ml) de humus comprado o hecho en casa (vea página 52)

4   piezas de lavash integral o pan árabe

8   rebanadas delgadas de roast beef

1   taza (200 g) de jitomates deshidratados, picados

1   manojo de arúgula (rocket)

Rinde 4 porciones • Preparación de 5 a 10 minutos • Grado de dificultad 1

1. Envuelva las piezas de lavash en dos capas de toallas de papel de cocina ligeramente húmedas y meta al horno de microondas durante 45 segundos a potencia alta. O, si lo desea, caliente sobre fuego medio en una sartén o comal sin aceite.

2. Unte uniformemente con el humus y cubra con el roast beef, jitomates deshidratados y arúgula. Enrolle y sirva caliente.

Acompañados de un brioche y una cucharada de crema, estos wraps son un clásico desayuno en Sicilia. Pruébelos para el desayuno o como un refrescante postre o tentempié.

Wraps de CHILE, POLLO Y ZANAHORIA

2	piezas de pan lavash o tortillas de harina grandes
2	tazas (250 g) de sobrantes de pollo rostizado, deshebrado
2	cucharadas de salsa asiática de chile dulce comprada o hecha en casa (vea página 10)
1	taza (25 g) de lechuga orejona, rallada
1	zanahoria, toscamente rallada

Rinde 2 porciones • Preparación 10 minutos • Grado de dificultad 1

1. Envuelva el pan lavash en dos capas de toallas de papel de cocina ligeramente húmedas y meta al horno de microondas durante 45 segundos a potencia alta. O, si lo desea, caliente sobre fuego medio en una sartén o comal sin aceite.

2. Mezcle el pollo con la salsa de chile en un tazón.

3. Extienda la mezcla de pollo, lechuga rallada y zanahoria sobre el pan lavash. Enrolle y sirva caliente.

Si a usted le gustó esta receta, también le gustarán:

Panini de POLLO, QUESO FETA Y PESTO

Panini de ENSALADA DE POLLO PICANTE EN PAN ÁCIDO

Wraps de POLLO CON PESTO Y JITOMATES DESHIDRATADOS

Wraps de FALAFEL Y ENSALADA

4	panes libaneses planos o pan árabe
1	lechuga orejona, rebanada
2	jitomates, rebanados
1	cebolla morada dulce pequeña, rebanada
1	pimiento (capsicum) rojo, sin semillas y rebanado
½	taza (125 ml) de mayonesa comprada o hecha en casa (vea página 42)
8–12	falafels comprados o hechos en casa (vea página 88)

Rinde 4 porciones • Preparación 20 minutos + 26 horas para remojar y reposar • Cocción 15 minutos • Grado de dificultad 1

1. Envuelva los panes en dos capas de toallas de papel de cocina ligeramente húmedas y meta al horno de microondas durante 45 segundos a potencia alta. O, si lo desea, caliente sobre fuego medio en una sartén o comal sin aceite.

2. Unte los panes con mayonesa y cubra con lechuga. Cubra con los jitomates, cebolla, pimiento y falafel. Enrolle y sirva caliente.

Wraps de ALBÓNDIGAS Y BABA GANOUSH

1	cucharada de comino molido
750	gramos (1$^1/_2$) de carne magra de res, molida fina
1	cebolla morada, finamente rallada
$^1/_2$	taza (35 g) de pan molido, hecho con el pan del día anterior
2	chiles rojos ojo de pájaro o serranos maduros, frescos, sin semillas y finamente picados
$^1/_4$	taza de hojas de cilantro fresco, picado toscamente
1	huevo grande, ligeramente batido
	Sal y pimienta negra recién molida
$^1/_4$	taza (60 ml) de aceite vegetal
1	manojo de arúgula (rocket)
1	manojo de hojas de menta fresca
$^1/_2$	manojo de cilantro fresco
8	tortillas de harina grandes
1	taza (250 g) de baba ganoush (vea página 88)
1	frasco o lata (250 g/8 oz) de pimientos (capsicum) asados, escurridos

Rinde 8 porciones • Preparación 20 minutos • Cocción 40 minutos • Grado de dificultad 1

1. Mezcle el comino, carne, cebolla, pan molido, chiles, cilantro picado y huevo en un tazón grande. Sazone con sal y pimienta. Mezcle hasta integrar por completo. Forme las albóndigas y aplane ligeramente para formar tortitas de 5 cm (2 in) (deberá formar aproximadamente 24).

2. Caliente una cucharada de aceite en una sartén grande sobre fuego medio-alto. Cocine aproximadamente 10 albóndigas durante 2 minutos de cada lado o hasta que estén cocidas. Escurra sobre toallas de papel. Repita la operación con el aceite y las albóndigas restantes en 2 tandas.

3. Mezcle la arúgula, menta y el cilantro restante en un tazón.

4. Envuelva las tortillas en dos capas de toallas de papel de cocina ligeramente húmedas y meta al horno de microondas durante 45 segundos a potencia alta. O, si lo desea, caliente sobre fuego medio en una sartén o comal sin aceite.

5. Unte las tortillas con baba ganoush. Cubra con la mezcla de arúgula y pimientos. Cubra con las albóndigas y enrolle. Sirva caliente.

Wraps de POLLO CON PESTO Y JITOMATES DESHIDRATADOS

1/4	cucharadita de sal
1	taza (150 g) de cuscús simple
1	diente de ajo, sin piel
2	tazas (100 g) de hojas frescas de albahaca
3	cucharadas (45 ml) de aceite de oliva extra virgen
1/8	cucharadita de pimienta recién molida
1/2	taza (60 g) de queso parmesano recién rallado
1/2	taza (60 g) de nueces de Castilla, picadas grueso
4	tortillas de harina grandes
3	tazas (350 g) de pollo cocido, deshebrado
16	mitades de jitomate deshidratado, empacados en aceite, escurridos y picados toscamente
1	pimiento (capsicum) amarillo, desvenado, sin semillas y partido en cubos

Rinde 4 porciones • Preparación 20 minutos • Cocción de 5 a 10 minutos • Grado de dificultad 1

1. Prepare el cuscús siguiendo las instrucciones del paquete. Reserve.

2. Mezcle el ajo, albahaca, aceite, sal y pimienta en una licuadora. Pulse hasta obtener una mezcla tersa. Integre el queso.

3. Tueste las nueces en una sartén pequeña sobre fuego medio de 3 a 5 minutos. Reserve.

4. Envuelva las tortillas en dos capas de toallas de papel de cocina ligeramente húmedas y meta al horno de microondas durante 45 segundos a potencia alta. O, si lo desea, caliente sobre fuego medio en una sartén o comal sin aceite.

5. Extienda uniformemente sobre cada tortilla el pesto, cuscús, pollo, nueces, jitomates deshidratados y pimiento. Enrolle y sirva caliente.

Wraps de FALAFEL Y HUMUS

4   tortillas de harina integral o
       de harina simple
½   taza (120 g) de humus
       comprado o hecho en casa
       (vea página 52)
½   lechuga orejona, las hojas
       separadas y troceadas
1   taza (150 g) de tabule (vea
       página 66)
1   pepino, rebanado
       longitudinalmente en listones
       largos
8-12   falafels comprados o hechos
       en casa (vea página 88)

Rinde 4 porciones • Preparación 10 minutos • Grado de dificultad 1

1. Envuelva las tortillas en dos capas de toallas de papel de cocina
    ligeramente húmedas y meta al horno de microondas durante
    45 segundos a potencia alta. O, si lo desea, caliente sobre fuego
    medio en una sartén o comal sin aceite.

2. Unte las tortillas con humus. Cubra con lechuga, tabule, pepino
    y falafel. Enrolle y sirva caliente.

Wraps de CARNE DE PUERCO A LA PARRILLA CON SALSA DE PIÑA

2	dientes de ajo, finamente picados
1	cucharadita de orégano seco
$\frac{1}{2}$	cucharadita de sal
$\frac{1}{4}$	cucharadita de pimienta recién molida
$\frac{1}{4}$	cucharadita de hojuelas de chile rojo o chiles secos desmenuzados
6	costillas de puerco sin hueso, cortadas en cubos pequeños
2	cucharadas de aceite de oliva extra virgen
6	tortillas de harina grandes
2	tazas (300 g) de salsa de piña (vea página 52)

Rinde 6 porciones • Preparación 15 minutos + 10 minutos para reposar • Cocción de 5 a 10 minutos • Grado de dificultad 1

1. Mezcle el ajo, orégano, sal, pimienta, hojuelas de chile rojo y aceite en un tazón pequeño. Coloque la carne de puerco en un tazón y añada la mezcla de ajo. Mezcle para cubrir.

2. Precaliente una parrilla para asar o el asador de su horno a fuego medio-alto. Cocine la carne de 5 a 10 minutos hasta que esté dorada por fuera y blanca por dentro. Reserve durante 10 minutos.

3. Envuelva las tortillas en dos capas de toallas de papel de cocina ligeramente húmedas y meta al horno de microondas durante 45 segundos a potencia alta. O, si lo desea, caliente sobre fuego medio en una sartén o comal sin aceite.

4. Cubra cada tortilla con la carne de puerco y la salsa de piña. Enrolle y sirva caliente.

Wraps de POLLO Y NUEZ CON SALSA DE MANGO

1   taza (150 g) de harina simple

1   cucharadita de curry en polvo

    Sal y pimienta negra recién molida

1   taza (120 g) de almendras, finamente picadas

1   taza (150 g) de pan finamente molido

2   huevos grandes

¹/₂ taza (125 ml) de leche

4   pechugas de pollo, deshuesadas, sin piel y partidas a la mitad

125 gramos (4 oz) de queso fontina o suizo, finamente rebanado

2   tazas (300 g) de salsa de mango (vea página 52)

2   cucharadas de aceite de oliva extra virgen

8   tortillas de harina grandes

    Lechuga rallada

Rinde 8 porciones • Preparación 30 minutos • Cocción de 10 a 12 minutos • Grado de dificultad 2

1. Coloque la harina en un tazón, sazone con el curry en polvo, sal y pimienta. Mezcle las almendras y el pan molido en otro tazón. Bata los huevos y la leche en otro tazón.

2. Rebane las pechugas de pollo para formar un bolsillo en cada una. Pase por la harina. Inserte una rebanada de queso y 2 ó 3 cucharadas de salsa de mango en cada bolsillo. Pase por la mezcla de huevo. Cubra con la mezcla de pan molido.

3. Caliente el aceite en una olla grande. Coloque las pechugas de pollo de 5 a 7 minutos de cada lado, hasta que estén doradas y completamente cocidas.

4. Envuelva las tortillas en dos capas de toallas de papel de cocina ligeramente húmedas y meta al horno de microondas durante 45 segundos a potencia alta. O, si lo desea, caliente sobre fuego medio en una sartén sin aceite.

5. Extienda la lechuga sobre las tortillas, cubra con media pechuga de pollo y salsa. Enrolle y sirva caliente.

Estos deliciosos wraps vegetarianos son ideales para servir como tentempié o almuerzo ligero. Use un queso tofu sin proteína animal en lugar del queso feta si lo prepara para personas vegetarianas.

Wraps de PIMIENTO ASADO Y HUMUS

4	tortillas de espinaca grandes
1	taza (250 g) de humus comprado o hecho en casa (vea página 52)
1	taza (50 g) de hojas de espinaca pequeña
1	frasco o lata (250 g/8 oz) de pimientos (capsicum) asados, en rebanadas, escurridos
150	gramos (5 oz) de queso feta, desmoronado
	Hojas de menta fresca

Rinde 4 porciones • Preparación 10 minutos • Grado de dificultad 1

1. Envuelva las tortillas en dos capas de toallas de papel de cocina ligeramente húmedas y meta al horno de microondas durante 45 segundos a potencia alta. O, si lo desea, caliente sobre fuego medio en una sartén sin aceite.

2. Unte una capa de humus sobre cada tortilla. Cubra con las espinacas, pimientos, queso y hojas de menta. Enrolle y corte a la mitad. Sirva caliente.

Si a usted le gustó esta receta, también le gustarán:

Wraps de CORDERO ESTILO LIBANÉS

Wraps de FALAFEL Y HUMUS

Wraps de TOFU AL CURRY

Wraps vegetarianos CON SALSA Y CREMA ÁCIDA

1	cucharada de aceite de oliva extra virgen
1	cebolla pequeña, picada
1	diente de ajo, finamente picado
1	lata (420 g) de frijoles negros, enjuagados y escurridos
1½	taza (200 g) de elotes frescos o congelados, previamente descongelados
1	pimiento (capsicum) rojo mediano, picado
2	calabacitas (zucchini/courgettes), picadas grueso
²⁄₃	taza (150 ml) de agua + 2 cucharadas
1	cucharadita de chile en polvo
½	cucharadita de sal
½	cucharadita de orégano seco
½	cucharadita de comino molido
¼	cucharadita de pimienta
1	cucharadita de fécula de maíz
6	tortillas de harina grandes
2	tazas (300 g) de salsa de jitomate comprada o hecha en casa (vea página 88)
6	cucharadas de crema agria

Rinde 6 porciones • Preparación de 15 a 20 minutos • Cocción de 10 a 15 minutos • Grado de dificultad 1

1. Caliente el aceite en una sartén grande sobre fuego medio. Añada la cebolla y el ajo y saltee durante 3 ó 4 minutos, hasta que estén suaves. Integre los frijoles, elotes, pimiento, calabacitas, 2/3 taza (150 ml) de agua, chile en polvo, sal, orégano, comino y pimienta. Lleve a ebullición. Reduzca el fuego, hierva a fuego lento sin tapar de 5 a 10 minutos, hasta que el líquido se haya evaporado.

2. Mezcle la fécula de maíz con las 2 cucharadas de agua restantes en un tazón pequeño, hasta disolver. Integre a la sartén. Deje hervir y cocine, alrededor de un minuto, hasta espesar.

3. Envuelva las tortillas en dos capas de toallas de papel de cocina ligeramente húmedas y meta al horno de microondas durante 45 segundos a potencia alta. O, si lo desea, caliente sobre fuego medio en una sartén sin aceite.

4. Unte las tortillas uniformemente con la mezcla de frijoles. Cubra con la salsa y crema. Enrolle y sirva caliente.

Wraps de FRIJOLES NEGROS CON GUACAMOLE

1   lata (400 g/15 oz) de frijoles
    negros, escurridos

    Jugo recién exprimido
    de 1 limón verde

    Jugo recién exprimido
    de 1 naranja

3   dientes de ajo, finamente
    picados

    Sal

    Pimienta de cayena

3   cebollitas de cambray,
    rebanadas

1/2 pimiento (capsicum) rojo
    o verde, picado

8   tortillas de harina grandes

1   taza (250 g) de guacamole
    comprado o hecho en casa
    (vea página 52)

1   taza (250 g) de salsa de
    jitomate comprada o hecha
    en casa (vea página 88)

Rinde 8 porciones • Preparación de 10 a 15 minutos • Grado de
dificultad 1

1. Mezcle los frijoles, jugos de limón y naranja, ajo, sal y pimienta
    de cayena en un procesador de alimentos y pulse hasta
    obtener una mezcla tersa. Añada las cebollitas de cambray y
    pimiento.

2. Envuelva las tortillas en dos capas de toallas de papel de cocina
    ligeramente húmedas y meta al horno de microondas durante
    45 segundos a potencia alta. O, si lo desea, caliente sobre fuego
    medio en una sartén o comal sin aceite.

3. Unte la mezcla de frijol sobre las tortillas, cubra con guacamole
    y salsa. Enrolle y sirva caliente.

El tofu, también conocido como queso de soya, se hace al cuajar la leche de soya y prensar la cuajada. Hay muchas clases diferentes de tofu: el tofu firme es fresco pero prensado firmemente para obtener la misma consistencia de un flan bien cocido. Se puede cortar en cubos y conservará su forma. El tofu es una excelente fuente de proteína para los vegetarianos.

Wraps de TOFU AL CURRY

84

1	cucharadita de sal
1	bloque de tofu firme (aproximadamente 150 g/5 oz), partido en cubos
1/2	taza (125 g) de mayonesa comprada o hecha en casa (vea página 42)
2	cucharaditas de curry, en polvo
2	cucharadas de jugo de limón verde recién exprimido
4	tortillas grandes de espinacas
	Sal y pimienta negra recién molida
1	zanahoria grande, sin piel y rallada
1	pimiento (capsicum) rojo pequeño, sin semillas y finamente picado
1	pimiento (capsicum) verde pequeño, sin semillas y finamente picado
1	tallo de apio, finamente picado
1	cucharada de cebolla roja, finamente picada
10	hojas de lechuga grandes, troceadas
1/2	taza (50 g) de calabaza cruda sin sal o de semillas de girasol

Rinde 4 porciones • Preparación 20 minutos • Cocción 3 minutos • Grado de dificultad 1

1. Hierva 3 tazas (750 ml) de agua en una olla mediana. Añada la sal y los cubos de tofu; hierva lentamente durante 3 minutos. Escurra el tofu en un colador. Pase a un plato y refrigere hasta el momento de usar.

2. Mezcle la mayonesa, curry en polvo, jugo de limón, sal y pimienta en un tazón pequeño.

3. Envuelva las tortillas en dos capas de toallas de papel de cocina ligeramente húmedas y meta al horno de microondas durante 45 segundos a potencia alta. O, si lo desea, caliente sobre fuego medio en una sartén o comal sin aceite.

4. Unte las tortillas con la mezcla de la mayonesa y cubra con lechuga. Agregue el tofu, zanahoria, pimientos, apio, cebolla y semillas de calabaza. Enrolle y sirva caliente.

Si a usted le gustó esta receta, también le gustarán:

Wraps de ESPINACAS Y PROVOLONE

Wraps de ACELGAS Y QUESO

Wraps de PIMIENTO ASADO Y HUMUS

Wraps de PAVO, QUESO AZUL Y ARÁNDANO ROJO

2   tortillas de harina grandes

1   manojo de lechuga

2   tazas (250 g) de sobrantes de pavo asado, deshebrado

1   taza (120 g) de queso azul, desmoronado

2-4   cucharadas de salsa de arándano rojo

Rinde 2 porciones • Preparación 10 minutos • Grado de dificultad 1

1. Envuelva las tortillas en dos capas de toallas de papel de cocina ligeramente húmedas y meta al horno de microondas durante 45 segundos a potencia alta. O, si lo desea, caliente sobre fuego medio en una sartén o comal sin aceite.

2. Cubra las tortillas con la lechuga, pavo y queso azul. Rocíe con la salsa de arándano. Enrolle y sirva caliente.

Wraps de ATÚN Y PESTO

Rinde 2 porciones • Preparación 10 minutos • Grado de dificultad 1

1	lata (6 oz) de atún albacora (blanco) en agua, escurrido y desmenuzado
4	cucharadas (60 ml) de mayonesa comprada o hecha en casa (vea página 42)
4	cucharadas (60 ml) de pesto comprado o hecho en casa (vea página 42)
2	cucharaditas de jugo de limón amarillo recién exprimido
1	pizca de pimienta negra molida
2	tortillas de harina grandes
8	hojas de lechuga
2	rebanadas grandes de queso provolone
8-10	aceitunas Kalamata sin hueso, rebanadas

1. Mezcle el atún con la mayonesa, pesto, jugo de limón y pimienta en un tazón pequeño, hasta integrar por completo.

2. Envuelva las tortillas en dos capas de toallas de papel de cocina ligeramente húmedas y meta al horno de microondas durante 45 segundos a potencia alta. O, si lo desea, caliente sobre fuego medio en una sartén o comal sin aceite.

3. Extienda la mezcla de atún sobre las tortillas. Cubra con las hojas de lechuga, queso provolone y aceitunas. Enrolle y sirva caliente.

BABA GANOUSH

Rinde aproximadamente 3 tazas (750 g) • Preparación 15 minutos • Cocción 45 minutos • Grado de dificultad 1

1	kilogramo (2 lb) de berenjenas (aubergine)		limón amarillo recién exprimido
3	dientes de ajo, toscamente picados	2	cucharadas de aceite de oliva extra virgen
3	cucharadas de tahini		Sal y pimienta negra recién molida
2	cucharadas de jugo de		

1. Precaliente el horno a 200°C (400°F/gas 6). Hornee las berenjenas enteras, hasta suavizar. Reserve hasta que se enfríen.

2. Retire la piel quemada usando una toalla de papel y pique toscamente la carne.

3. Coloque la berenjena, ajo, tahini, jugo de limón y aceite en un procesador de alimentos y pulse para mezclar. Sazone con sal y pimienta.

4. Use inmediatamente o almacene en un recipiente de cierre hermético en el refrigerador de 4 a 5 días.

TZATZIKI

Rinde aproximadamente 2 tazas (500 ml) • Preparación 15 minutos + 20 minutos para escurrir • Grado de dificultad 1

1	pepino	1	cucharada de aceite de oliva extra virgen
1	cucharadita de sal		
1½	taza (375 g) de yogurt simple estilo griego	1	cucharada de menta fresca, finamente picada
1	cucharada de jugo de limón amarillo recién exprimido	1	diente de ajo, finamente picado

1. Retire la piel al pepino y ralle toscamente la carne. Coloque en un colador, espolvoree con sal y coloque sobre un tazón para que escurra durante 20 minutos.

2. Exprima con sus manos el líquido que le haya quedado al pepino. Pase la carne a un tazón mediano. Añada el yogurt, jugo de limón, aceite, menta, y ajo; mezcle para integrar.

3. Use inmediatamente o almacene en un recipiente de cierre hermético en el refrigerador de 4 a 5 días.

FALAFEL

Rinde aproximadamente 12 piezas • Preparación 20 minutos • Cocción de 6 a 10 minutos • Grado de dificultad 2

1½	cucharadita de semillas de cilantro	1	diente de ajo, toscamente picado
1½	cucharadita de semillas de comino	1	chile verde grande tipo jalapeño, sin semillas y picado
1	(400 g/14 oz) lata de garbanzos, escurridos		Una pizca de pimienta de cayena
½	cebolla pequeña, toscamente picada		Sal y pimienta negra recién molida
⅓	taza de perejil plano fresco	1	taza (250 ml) de aceite vegetal, para freír
2	cucharadas de cilantro fresco		

1. Tueste las semillas de cilantro y comino en una sartén pequeña sobre fuego medio alrededor de un minuto, hasta que aromaticen. Pase a un molcajete y muela hasta obtener un polvo fino.

2. Mezcle los garbanzos, cebolla, perejil, cilantro, ajo, chile, especias molidas y pimienta de cayena en un procesador de alimentos. Pulse hasta obtener una mezcla tersa. Sazone con sal y pimienta. Forme bolas del tamaño de una nuez.

3. Caliente el aceite en una sartén grande sobre fuego medio-alto. Fría los falafel en tandas, de 3 a 5 minutos por cada lado, hasta que estén dorados y crujientes. Retire con ayuda de una cuchara ranurada y deje escurrir sobre toallas de papel de cocina.

Salsa de JITOMATE

Rinde aproximadamente 3 tazas (750 ml) • Preparación 15 minutos + 30 minutos para enfriar • Cocción 15 minutos • Grado de dificultad 1

2	pimientos (capsicums) rojos		picado
4	jitomates medianos, cortados en cubos pequeños	2	cucharadas de vinagre de vino tinto
1	cebolla morada pequeña, finamente picada	2	cucharadas de aceite de oliva extra virgen
1	diente de ajo, finamente picado	2	cucharadas de perejil fresco, toscamente picado
1	chile rojo grande, sin semillas y finamente		Sal y pimienta negra recién molida

1. Precaliente el asador del horno a fuego medio alto.

2. Coloque los pimientos bajo el asador y cocine volteando ocasionalmente, hasta que la piel se ennegrezca y tenga ampollas. Envuelva en plástico adherente y reserve durante 15 minutos, hasta que se enfríen ligeramente. Retire la piel y las semillas; corte en cubos pequeños.

3. Mezcle los pimientos, jitomates, cebolla, ajo, y chile en un tazón mediano. Añada vinagre, aceite y perejil; mezcle para integrar. Sazone con sal y pimienta. Sirva inmediatamente o durante el día que se preparó.

sándwiches

Focaccia de JITOMATE Y MACARELA

2   jitomates maduros, finamente rebanados

120   gramos (4 oz) de macarela, enlatada en aceite de oliva, escurrida

$1/2$ cucharadita de orégano seco

1   cucharada de aceite de oliva extra virgen

      Sal y pimienta negra recién molida

2   panes focaccia redondos (con aceitunas negras, si lo desea)

      Hojas de albahaca fresca, troceada

Rinde 2 porciones • Preparación: 10 minutos • Grado de dificultad 1

1. Separe cuatro de las rebanadas centrales de cada jitomate, pique finamente las demás. Ponga el jitomate picado en un tazón con la mitad de la macarela, orégano, aceite, sal y pimienta. Mezcle hasta integrar por completo.

2. Corte el pan focaccia a la mitad y unte con la salsa de jitomate y macarela. Cubra con las rebanadas de jitomate, la macarela restante y la albahaca. Sazone una vez más con un poco de sal, pimienta y orégano. Cubra con la pieza superior de pan, presionando cuidadosamente para cerrar.

Si a usted le gustó esta receta, también le gustarán:

87

Wraps de
ATÚN Y PESTO

104

Emparedados de
ATÚN Y MAYONESA

108

Emparedados de
AGUACATE Y CANGREJO

Sándwich de PECORINO, MIEL DE ABEJA Y PERA

1 pera grande, descorazonada y rebanada

1-2 cucharadas de jugo de limón amarillo recién exprimido

2 cucharadas de miel de abeja

120 gramos (4 oz) de queso pecorino añejo, rebanado

4 rebanadas gruesas de pan de 5 granos

Ramas de mejorana fresca

Sal y pimienta negra recién molida

Rinde 2 porciones • Preparación 10 minutos • Grado de dificultad 1

1. Rocíe la pera con el jugo de limón recién exprimido. Acomode el queso en dos rebanadas de pan y rocíe con la miel. Cubra con las rebanadas de pera. Espolvoree con la mejorana, sazone con sal y pimienta.

2. Cubra con las rebanadas de pan restantes, presionando cuidadosamente para cerrar.

Sándwich de PEPINO Y PASTA DE ACEITUNA

4   rebanadas de pan integral
4   cucharadas de pasta de
       aceituna negra (tapenade),
       comprada o hecha en casa
       (vea página 10)
1   pepino mediano, finamente
       rebanado
       Sal y pimienta negra recién
       molida

Rinde 2 porciones • Preparación de 5 a 10 minutos • Grado de dificultad 1

1. Unte dos rebanadas de pan con la pasta de aceitunas, cubra con rebanadas de pepino. Sazone con sal y abundante pimienta recién molida.

2. Cubra con las rebanadas restantes de pan, presionando cuidadosamente para cerrar.

Emparedados de CHAMPIÑONES A LA PARRILLA

Rinde 2 porciones • Preparación 15 minutos • Cocción 10 a 15 minutos • Grado de dificultad 1

1/2	taza (120 ml) de aceite de oliva extra virgen		hecha en casa (vea página 42)
	Sal y pimienta negra recién molida	120	gramos (4 oz) de queso mozzarella fresco, rebanado
4	botones de champiñones grandes	1	jitomate grande, rebanado
1	cebolla, rebanada		
4	panes integrales, partidos a la mitad	16	hojas de albahaca fresca
4	cucharadas de mayonesa comprada o	4	trozos de pimiento (capsicum) rojo asado, en lata, escurrido

1. Precaliente una parrilla Sazone el aceite con sal y pimienta en un tazón pequeño. Barnice los champiñones con el aceite y ase alrededor de 5 minutos con el lado engrasado hacia abajo, hasta suavizar. Reserve los champiñones y mantenga calientes.

2. Ase las rebanadas de cebolla de 2 a 3 minutos, hasta suavizar y dorar ligeramente. Extienda los panes sobre una parrilla para tostar alrededor de un minuto.

3. Unte la base de cada pan con mayonesa. Cubra con los champiñones, mozzarella, jitomate, albahaca, cebolla y un trozo de pimiento rojo asado. Sirva caliente.

Baguette de ENSALADA GRIEGA

Rinde 2 porciones • Preparación 15 minutos • Cocción 5 minutos • Grado de dificultad 1

1	baguette larga (pan estilo francés)		hueso y picadas
60	gramos (2 oz) de queso feta, partido en cubos	4-6	cucharadas de yogurt griego
1	jitomate, partido en cubos	1	cucharadita de vinagre de vino blanco
1/2	pepino pequeño, sin piel, partido en cubos	1	diente de ajo pequeño, finamente picado
1/2	pimiento (capsicum) amarillo pequeño, partido en cubos	1	cucharada de menta, finamente picada
1/2	cebolla morada pequeña, rebanada	1	cucharadita de ralladura fina de limón amarillo
4-6	aceitunas verdes, sin		Sal y pimienta negra recién molida

1. Precaliente el horno a 200°C (400°F/gas 6). Corte la baguette a la mitad. Tueste en el horno hasta que esté ligeramente dorada y crujiente.

2. Cubra la pieza inferior de la baguette con capas de queso feta, jitomate, pepino, pimiento, cebolla y aceitunas.

3. Mezcle el yogurt, vinagre, ajo, menta y ralladura de limón en un tazón pequeño y mezcle hasta integrar por completo. Usando una cuchara, unte la pieza inferior del pan con la salsa de yogurt y sazone con sal y pimienta.

4. Cubra con la pieza superior de la baguette, presionando cuidadosamente para cerrar.

Focaccias VEGETARIANAS A LA PARRILLA

Rinde 2 porciones • Preparación 15 minutos • Cocción 10 minutos • Grado de dificultad 1

4	cucharadas de mayonesa comprada o hecha en casa (vea página 42)	1	calabacita (zucchini/courgette), rebanada longitudinalmente
3	dientes de ajo, finamente picados	1	cebolla morada, rebanada
1	cucharada de jugo de limón amarillo recién exprimido	1	calabaza amarilla pequeña, rebanada
6	cucharadas de aceite de oliva extra virgen	2	cuadrados de pan focaccia (20 cm/8 in), partidos a la mitad
1	pimiento (capsicum) rojo, rebanado	1/2	taza (75 g) de queso feta desmoronado

1. Mezcle la mayonesa, ajo y jugo de limón en un tazón pequeño. Reserve en el refrigerador.

2. Precaliente una parrilla sobre fuego medio alto. Barnice las verduras con aceite. Ase las verduras alrededor de 10 minutos, hasta que estén suaves y marcadas con líneas oscuras. Caliente el pan focaccia en la parrilla.

3. Unte las piezas inferiores del pan focaccia con la mezcla de mayonesa. Espolvoree con queso feta. Cubra con las verduras y sirva caliente.

Baguette de JITOMATE Y ARÚGULA

Rinde 2 porciones • Preparación 15 minutos • Cocción 5 minutos • Grado de dificultad 1

1	baguette larga (pan estilo francés)	8-10	jitomates cereza, rebanados
1	diente de ajo pequeño, sin piel pero entero	1	cucharada de aceite de oliva extra virgen
	Un manojo de arúgula (rocket)		Sal
90	gramos (3 oz) de queso parmesano, en hojuelas		

1. Precaliente el horno a 200°C (400°F/gas 6). Parta la baguette a la mitad. Tueste en el horno hasta que esté ligeramente crujiente y dorada.

2. Frote la pieza inferior de la baguette con el ajo y rocíe con el aceite. Cubra con arúgula, queso parmesano y jitomate. Sazone con sal.

3. Cubra con la pieza superior de la baguette, presionando cuidadosamente para cerrar.

Sándwiches de JAMÓN DE PARMA Y MANTEQUILLA

4	rebanadas de pan casero de textura firme
3-4	cucharadas de mantequilla sin sal
120	gramos (4 oz) de jamón de Parma, finamente rebanado

Rinde 2 porciones • Preparación 5 minutos • Grado de dificultad 1

1. Unte el pan con mantequilla. Cubra con el jamón de Parma, doblando las rebanadas para que queden adentro del sándwich.

2. Cubra con la rebanada restante de pan, presionando cuidadosamente para cerrar.

Sándwiches de QUESO PECORINO, PIMIENTO Y ANCHOAS

2	pimientos (capsicums) rojos grandes y carnosos
4	rebanadas gruesas de pan de aceituna, tostado o sin tostar, al gusto
2	cucharaditas de pasta de anchoa (o al gusto)
1	diente de ajo, finamente picado
120	gramos (4 oz) de queso pecorino sin añejar, rebanado
1	cucharada de cilantro, finamente picado
	Sal y pimienta negra recién molida

Rinde 2 porciones • Preparación 15 minutos + 10 minutos de reposo • Cocción 20 minutos • Grado de dificultad 1

1. Precaliente el asador del horno. Coloque los pimientos bajo el asador alrededor de 20 minutos, dándoles un cuarto de vuelta hasta que la piel ennegrezca. Envuelva en plástico adherente y reserve durante 10 minutos. Desenvuelva los pimientos y retire la piel ennegrecida, las semillas y las venas; rebane.

2. Unte dos rebanadas de pan con la pasta de anchoa. Cubra con los pimientos, ajo, queso pecorino y cilantro. Sazone con sal y pimienta. Tape con las rebanadas restantes de pan, presionando cuidadosamente para cerrar.

Si lo desea, puede untar cada pan con 2 cucharadas de mayonesa hecha en casa (vea página 42).

Emparedados de CAMARONES Y AGUACATE

2   panes redondos, grandes

2   cucharadas de mantequilla, suavizada

2   cebollitas de cambray, rebanadas

Un manojo pequeño de hortalizas verdes

1   aguacate, sin piel ni hueso, rebanado

120   gramos (4 oz) de camarones sin cabeza ni cáscara y limpios

1–2   cucharadas de jugo de limón verde o amarillo recién exprimido

Sal y pimienta negra recién molida

Rinde 2 porciones • Preparación 15 minutos • Cocción 4-6 minutos • Grado de dificultad 1

1. Caliente la mantequilla en una sartén pequeña sobre fuego medio-alto. Agregue las cebollitas y saltee de 2 a 3 minutos, hasta suavizar. Añada los camarones, saltee de 2 a 3 minutos, hasta que estén rosados y cocidos.

2. Parta los panes a la mitad. Cubra la mitad inferior de cada pan con las hortalizas verdes y el aguacate. Usando una cuchara, agregue los camarones. Rocíe con el jugo de cocción y el jugo de limón. Sazone con sal y pimienta.

3. Cubra con la otra mitad de los panes, presionando cuidadosamente para cerrar. Sirva caliente.

Si a usted le gustó esta receta, también le gustarán:

Wraps de CAMARÓN Y PIÑA CON GUACAMOLE

Focaccias de JITOMATE Y MACARELA

Rollos de SALMÓN AHUMADO Y QUESO ROBIOLA

Sándwiches de JAMÓN BRESAOLA, QUESO PARMESANO Y KIWI

Rinde 2 porciones • Preparación 10 minutos • Grado de dificultad 1

1	calabacita (zucchini/courgette) fresca, grande
2	panes focaccia simples, cuadrados (20 cm/8 in cada uno), tostados
120	gramos (4 oz) de jamón bresaola o prosciutto, finamente rebanado
120	gramos (4 oz) queso parmesano en hojuelas
2	kiwis, sin piel y rebanados
2	cucharadas de aceite de oliva extra virgen
	Jugo de limón amarillo recién exprimido
	Sal y pimienta negra recién molida

1. Corte la calabacita longitudinalmente en rebanadas muy delgadas. Sazone con sal y pimienta.

2. Parte el pan a la mitad. Cubra una mitad de focaccia con rebanadas de calabacita. Cubra con capas de bresaola, queso parmesano y kiwi. Rocíe con el aceite y jugo de limón, sazone con sal y pimienta.

3. Cubra con las piezas restantes de pan, presionando cuidadosamente para cerrar.

Sándwiches de SALAMI E HIGOS FRESCOS

4   rebanadas de pan casero
     blanco o integral de textura
     firme
2   cucharadas de jalea de higo
8   rebanadas grandes de salami
4–6   higos frescos, rebanados

Rinde 2 porciones • Preparación 5 minutos • Grado de dificultad 1

1. Unte el pan uniformemente con la jalea de higo. Cubra con rebanadas de salami e higos.

2. Tape con la rebanada restante de pan, presionando cuidadosamente para cerrar.

Rebosando con proteínas, carbohidratos de calidad y vitaminas, estos emparedados son un almuerzo o tentempié saludable.

Emparedados de OMELET A LAS HIERBAS

2 panes redondos de 5 granos, grandes

4 huevos grandes, separados

Sal y pimienta negra recién molida

6 cucharadas de leche o crema

2 cucharadas de mantequilla

3 cucharadas de mezcla de hierbas finas (cebollín, perejil, menta, eneldo, mejorana, tomillo, etc.) finamente picadas

2–4 cucharadas de mayonesa comprada o hecha en casa (vea página 42)

Hortalizas verdes para ensalada

Rinde 2 porciones • Preparación 15 minutos • Cocción 10 minutos • Grado de dificultad 1

1. Precaliente el asador del horno.

2. Bata las yemas de huevo hasta que estén pálidas. Integre, batiendo, la sal, pimienta leche o crema. Bata las claras de huevo por separado, hasta que se formen picos firmes. Incorpore a las yemas junto con las hierbas, usando movimiento envolvente.

3. Caliente la mantequilla en una sartén mediana que se pueda meter al horno. Agregue la mezcla de huevo, cocine sobre fuego medio hasta que la parte inferior se cuaje y dore.

4. Ponga la sartén debajo del asador del horno y cocine hasta que la omelet esté esponjada y dorada.

5. Enrolle la omelet y parta a la mitad. Unte con mayonesa la mitad inferior de cada pan. Cubra con las hortalizas verdes y la mitad de la omelet. Cubra con la pieza superior de cada pan, presionando cuidadosamente para cerrar.

Si a usted le gustó esta receta, también le gustarán:

Emparedados de
ATÚN Y MAYONESA

Emparedados de
POLLO Y MAYONESA

Baguette de
HUEVO Y QUESO

Emparedados de ATÚN Y MAYONESA

120 gramos (4 oz) de atún en aceite de oliva, escurrido

4 cucharadas de mayonesa comprada o hecha en casa (vea página 42)

2 cucharadas de alcaparras, picadas grueso

2 panes redondos

2 cucharadas de cebollas pequeñas en salmuera

4-6 ramas de perejil para adornar

Sal y pimienta negra recién molida

Rinde 2 porciones • Preparación de 5 a 10 minutos • Grado de dificultad 1

1. Mezcle el atún, mayonesa y alcaparras en un tazón pequeño.

2. Parta los panes a la mitad y unte con la mezcla de la mayonesa. Cubra con las cebollas en salmuera y el perejil. Sazone con sal y pimienta.

3. Cubra con las mitades superiores de los panes, presionando cuidadosamente para cerrar.

Emparedados de SALMÓN, QUESO MASCARPONE Y LIMÓN AMARILLO

4   panes dulces, pequeños

4   cucharadas de queso mascarpone, suavizado

2   rebanadas de salmón ahumado, cortado en 2 ó 3 piezas

     Jugo de limón recién exprimido

     Pimienta negra recién molida

4   aceitunas negras pequeñas, sin hueso

Rinde 2 porciones • Preparación de 5 a 10 minutos • Grado de dificultad 1

1. Parta los panes a la mitad y unte con el queso mascarpone. Cubra con rebanadas de salmón. Rocíe con jugo de limón y sazone con pimienta. Cubra con la mitad superior de cada pan.

2. Inserte cada aceituna en un palillo para coctel y utilice para asegurar los panes.

El queso robiola es un queso cremoso, fresco y ligero hecho en el norte de Italia al mezclar leche de vaca y de cabra u oveja. Con su suave sabor ácido, es un queso que acompaña muy bien a las hierbas y al salmón. Si no lo puede encontrar, lo puede sustituir por queso crema ligero.

Rollos de QUESO ROBIOLA Y SALMÓN AHUMADO

4	rebanadas de pan integral para sándwich
90	gramos (3 oz) de queso robiola fresco o queso crema ligero
1	cucharada de perejil fresco, finamente picado
2	cucharadas de berros, finamente picados
2	rebanadas grandes y delgadas de salmón ahumado
1	cucharadita de jugo de limón amarillo recién exprimido
	Pimienta blanca recién molida

Rinde 2 porciones • Preparación 10 minutos + 2 horas para enfriar • Grado de dificultad 1

1. Retire las orillas del pan. Usando un rodillo aplane ligeramente el pan, teniendo cuidado de no romperlo.

2. Bata el queso robiola con el perejil, berros, jugo de limón y pimienta con un tenedor en un tazón pequeño, hasta que esté ligero y cremoso.

3. Unte cada rebanada con la mezcla de queso y cubra con una rebanada de salmón. Enrolle cuidadosamente. Envuelva cada rollo en papel aluminio y refrigere durante 2 horas. Desenvuelva y corte cada rollo en 5 ó 6 rebanadas.

Si a usted le gustó esta receta, también le gustarán:

Wraps de SALMÓN Y QUESO CREMA

Emparedados de SALMÓN, QUESO MASCARPONE Y LIMÓN AMARILLO

Sándwiches de SALMÓN EN FORMA DE FLOR

Emparedados de AGUACATE Y CANGREJO

1   aguacate, sin hueso

1   cucharada de jugo de limón amarillo recién exprimido

1   cucharada de cilantro, finamente picado + algunas hojas enteras para adornar

     Chile al gusto, finamente picado

4   cucharadas de mayonesa comprada o hecha en casa (vea página 42)

2   panes de 5 granos largos

120   gramos (4 oz) de carne de cangrejo cocida, picada

     Sal y pimienta negra recién molida

Rinde 2 porciones • Preparación de 5 a 10 minutos • Grado de dificultad 1

1. Mezcle el aguacate, jugo de limón y el cilantro finamente picado en un tazón pequeño y use un tenedor para machacar. Agregue la cantidad necesaria de mayonesa para obtener una crema espesa.

2. Parta los panes a la mitad. Unte la mitad inferior con la crema de aguacate y cubra con la carne de cangrejo. Adorne con el chile y las hojas de cilantro. Sazone con sal y pimienta. Cubra con la mitad superior del pan, presionando cuidadosamente para cerrar.

Emparedados de QUESO MASCARPONE, CEBOLLA Y ACEITUNAS

2	panes blancos o integrales largos
1	cebolla morada dulce pequeña, finamente rebanada
6	cucharadas de queso mascarpone
8	aceitunas negras, sin hueso y picadas
8-10	ramas pequeñas de mejorana fresca
	Sal y pimienta negra recién molida

Rinde 2 porciones • Preparación de 5 a 10 minutos • Grado de dificultad 1

1. Parta los panes a la mitad. Unte con el queso mascarpone. Cubra con la cebolla, aceitunas y mejorana. Rocíe con el aceite y sazone con sal y pimienta.

2. Cubra con la mitad superior de los panes, presionando cuidadosamente para cerrar.

El queso provolone picante condimentado o provolone piccatate como es conocido en italiano, se añeja hasta 12 meses y generalmente proviene del sur de Italia. El queso provolone más suave y cremoso viene del norte. El mejor provolone picante tiene un sabor intenso y decidido. Se lleva de maravilla con el sabor refrescante de la manzana y con el dejo de aceite de oliva.

Sándwiches de QUESO PROVOLONE CON MANZANA VERDE

4	rebanadas gruesas de pan blanco salado de textura firme, tostado
1	manzana Granny Smith, con piel, descorazonada y finamente rebanada
1–2	cucharadas de jugo de limón amarillo recién exprimido
120	gramos (4 oz) de queso provolone condimentado, rebanado
	Sal y pimienta negra recién molida
2	cucharadas de aceite de oliva extra virgen

Rinde 2 porciones • Preparación 10 minutos • Grado de dificultad 1

1. Cubra dos rebanadas de pan con una capa de manzana. Rocíe la manzana con un poco de jugo de limón para que no se ponga negra. Cubra con el queso provolone. Sazone con sal y pimienta (no demasiada sal ya que el queso es salado) y rocíe con el aceite.

2. Cubra con las rebanadas de pan restantes, presionando cuidadosamente para cerrar.

Si a usted le gustó esta receta, también le gustarán:

34

Panini de MANZANA ASADA Y QUESO

92

Sándwiches de PECORINO, MIEL DE ABEJA Y PERA

100

Sándwiches de JAMÓN BRESAOLA, PARMESANO Y KIWI

Club sándwich de POLLO

6	rebanadas de pan blanco o integral (pan de caja)
3	cucharadas de mantequilla, suavizada
120	gramos (4 oz) de pollo asado, rebanado
4	rebanadas de pancetta (o tocino)
	Un manojo de arúgula (rocket), picada toscamente
2	jitomates, finamente rebanados
8	aceitunas negras sin hueso y picadas
2	cucharadas de cilantro, picado toscamente
3-4	cucharadas de mayonesa comprada o hecha en casa (vea página 42)
	Una pizca de páprika dulce
	Sal y pimienta negra recién molida

Rinde 2 porciones • Preparación 10 minutos • Cocción de 7 a 10 minutos • Grado de dificultad 1

1. Precaliente el horno a 180°C (350°F/gas 4). Retire las orillas del pan. Unte un poco de mantequilla en el pan y tueste en el horno alrededor de 5 minutos, hasta que esté ligeramente dorado.

2. Fría la pancetta en una sartén pequeña (sin añadirle aceite ni mantequilla), de 2 a 3 minutos, hasta que esté crujiente.

3. Cubra dos rebanadas de pan con la mitad del pollo, panceta, arúgula, jitomate, aceitunas y cilantro. Sazone con páprika, sal y pimienta; cubra con la mitad de la mayonesa. Repita la operación.

4. Cubra el sándwich con la tercera rebanada de pan, presionando cuidadosamente para cerrar.

Club sándwich de **JITOMATE Y HUMUS**

8	rebanadas de pan blanco o integral, tostado
2	cucharadas de mantequilla, suavizada
4	cucharadas de humus comprado o hecho en casa (vea página 52)
	Un manojo pequeño de arúgula (rocket), picada toscamente
4-6	jitomates cereza, finamente rebanados
2	cucharadas de aceite de oliva extra virgen
	Sal y pimienta negra recién molida, al gusto
2	zanahorias medianas, ralladas
1	cucharada de uvas pasas
1	cucharadita de semillas de comino
2	cucharadas de jugo de limón amarillo recién exprimido

1. Unte el pan con un poco de mantequilla. Unte dos rebanadas con el humus. Cubra con rebanadas de pan, arúgula y jitomate. Rocíe con el aceite y sazone con sal y pimienta.

1. Cubra con dos rebanadas más de pan y luego con la zanahoria. Añada las uvas pasas y el comino; rocíe con el jugo de limón. Cubra con las rebanadas restantes de pan, presionando cuidadosamente para cerrar.

Estos deliciosos emparedados integrales rellenos de ensalada de pollo constituyen un almuerzo saludable. Agregue una manzana crujiente partida en cubos a la ensalada de pollo para obtener mayor textura. Puede hacer la ensalada con anticipación y preparar los sándwiches en un santiamén.

Emparedados de POLLO Y MAYONESA

180	gramos (6 oz) de pollo rostizado o asado
2	tallos de apio, rebanado
2	jitomates medianos, partidos en cubos
2	cucharadas de perejil fresco, finamente picado
6	aceitunas negras, sin hueso y picadas
4-6	cucharadas de mayonesa comprada o hecha en casa (vea página 42)
	Sal y pimienta negra recién molida
2	piezas de pan integral redondos

Rinde 2 porciones • Preparación 10 minutos • Grado de dificultad 1

1. Retire la piel o la grasa del pollo y parta en trozos pequeños. Coloque en un tazón mediano, agregue el apio, jitomate, perejil, aceitunas y mayonesa. Sazone con sal y pimienta; mezcle hasta integrar por completo.

2. Parta los panes a la mitad y rellene con la ensalada. Cubra con la mitad superior del pan, presionando cuidadosamente para cerrar.

Si a usted le gustó esta receta, también le gustarán:

Wraps de POLLO Y PIMIENTO

Club sándwich de POLLO

Sándwich de POLLO AL CURRY EN FORMA DE CORAZÓN

Emparedados de FILETE

Rinde 4 porciones • Preparación 15 minutos • Cocción 10 minutos • Grado de dificultad 1

2	cucharadas de aceite de oliva extra virgen		pequeños, partidos transversalmente a la mitad
2	cebollas medianas, rebanadas	1/2	taza (120 g) de chutney de tomate verde comprado o hecho en casa (vea página 42)
4	tiras delgadas (de 150 g/5 oz cada una) de filete de res		
1	cucharadita de hojuelas de chile rojo	2	tazas (50 g) de hojas de arúgula (rocket)
	Sal y pimienta negra recién molida	1/2	taza (120 g) de mayonesa comprada o hecha en casa (vea página 42)
4	panes cuadrados		

1. Precaliente un asador o una parrilla para interiores a fuego alto y coloque una parrilla plana en el asador o parrilla y caliente a fuego medio alto. Rocíe 1 cucharada de aceite en la parrilla plana y cocine las cebollas de 5 a 10 minutos, hasta dorar.

2. Barnice los filetes con el aceite restante, sazone con las hojuelas de chile rojo, sal y pimienta. Ase durante 1 ó 2 minutos de cada lado, hasta que estén al punto deseado.

3. Caliente ligeramente los panes. Unte el chutney en la parte inferior de los panes. Ponga los filetes sobre él y cubra con cebolla y arúgula. Unte mayonesa en la parte superior de los panes y cubra. Sirva caliente.

Bagels de PAVO

Rinde 4 porciones • Preparación 15 minutos • Grado de dificultad 1

4	bagels, partidos a la mitad	1/3	taza (90 ml) de salsa de arándano rojo
1/2	taza (120 ml) de queso crema	1	taza (60 g) de germinado de chícharo o de chícharo chino
8	rebanadas de pechuga de pavo sazonada, asada o cocida		Sal y pimienta negra recién molida
8	rebanadas delgadas de queso camembert		

1. Ponga las mitades de los bagel sobre una superficie limpia. Unte cada mitad con el queso crema.

2. Cubra uniformemente con el pavo, queso Camembert, salsa de arándano y germinado de chícharo. Sazone con sal y pimienta.

Focaccia de QUESO Y APIO

Rinde 2 porciones • Preparación 10 minutos • Grado de dificultad 1

2	rebanadas cuadradas (20 cm/8 in) de pan focaccia simple o integral		descorazonada, finamente rebanada
		1	tallo de apio, con hojas, finamente rebanado
150	gramos (5 oz) de queso crema fresco		Sal y pimienta negra recién molida
1	pera, sin piel y		

1. Parta las rebanadas de pan focaccia horizontalmente a la mitad y unte con el queso crema. Cubra con rebanadas de pera y apio.

2. Sazone con sal y pimienta. Cubra con la mitad superior del pan, presionando cuidadosamente para cerrar.

Baguette de HUEVO Y QUESO

Rinde 2 porciones • Preparación 10 minutos • Grado de dificultad 1

1	baguette (pan francés)	2	huevos cocidos, sin cascarón y rebanados
60	gramos (2 oz) de queso fuerte, finamente rebanado	2	jitomates, rebanados
1	manojo pequeño de hortalizas verdes para ensalada	1/2	cucharada de alcaparras en salmuera, enjuagadas
			Sal y pimienta negra recién molida

1. Parta la baguette horizontalmente a la mitad. Cubra con el queso, hortalizas verdes, huevos y jitomates. Añada las alcaparras. Sazone con sal (no demasiada pues las alcaparras son saladas) y pimienta.

2. Cubra con la pieza superior de la baguette, presionando cuidadosamente para cerrar.

Sándwich de POLLO AL CURRY EN FORMA DE CORAZÓN

500 gramos (1 lb) de pollo asado o rostizado, cortado en cubos pequeños

1 manzana verde (Granny Smith), con piel, descorazonada y cortada en cubos pequeños

1/2 taza (100 g) de arándanos deshidratados

1/2 taza (25 g) de tallo de apio, finamente rebanado

1/2 taza (75 g) de nueces, picadas

2 cebollitas de cambray, finamente rebanadas

1 taza (250 ml) de mayonesa comprada o hecha en casa (vea página 42)

1 cucharada de jugo de limón amarillo recién exprimido

1 cucharadita de curry en polvo

16 rebanadas de pan integral para sándwich

1 taza (50 g) de hortalizas pequeñas para ensalada

Rinde 8 porciones • Preparación 10 minutos • Cocción de 5 a 10 minutos • Grado de dificultad 1

1. Mezcle el pollo, manzana, arándanos, apio, nueces y cebollitas de cambray en un tazón mediano. Mezcle la mayonesa, jugo de limón y curry en polvo en otro tazón pequeño, hasta integrar por completo. Incorpore con la mezcla del pollo. Refrigere hasta el momento de usar.

2. Precaliente el horno a 180°C (350°F/gas 4). Usando un molde para galletas en forma de corazón (de aproximadamente 7 u 8 cm/ 3 in) corte un corazón grande en cada rebanada de pan. Coloque el pan en una charola para hornear y tueste ligeramente alrededor de 5 minutos.

3. Integre la mezcla del pollo con las hortalizas verdes. Extienda sobre el pan tostado caliente y sirva de inmediato.

Sándwiches de SALMÓN EN FORMA DE FLOR

1	lata (150 g/5 oz) de salmón, escurrido y desmenuzado
1	taza (250 ml) de queso crema
2	cucharaditas de alcaparras, finamente picadas + las alcaparras enteras necesarias para adornar
1	cucharada de cebollín fresco, finamente picado
2	cucharaditas de jugo de limón amarillo recién exprimido
$^1/_2$	taza (125 g) de mantequilla, suavizada
1	cucharada de estragón fresco, finamente picado
24	rebanadas de pan blanco o integral para sándwich
1	pepino, partido en rebanadas de 3 mm (1/4 in) de grueso

Rinde 12 porciones • Preparación 30 minutos • Grado de dificultad 2

1. Ponga el salmón, queso crema, alcaparras, cebollín y jugo de limón en un tazón pequeño y mezcle.

2. Ponga la mezcla del salmón y queso crema en una manga para repostería con punta mediana en forma de estrella. Refrigere hasta el momento de usar.

3. Mezcle la mantequilla con el estragón en un tazón pequeño.

4. Usando un molde para cortar galletas en forma de flor (de 5 cm/2 in), corte cada rebanada de pan. Use el mismo molde para cortar las rebanadas de pepino.

5. Unte la mantequilla con estragón sobre cada pan en forma de flor. Ponga una rebanada de pepino en la mitad de las rebanadas de pan. Cubra con las rebanadas restantes de pan, presionando cuidadosamente para cerrar.

6. Ponga los sándwiches sobre un platón grande para servir. Usando la manga para repostería, cubra cada sándwich con la mezcla de salmón. Adorne con alcaparras enteras. Sirva inmediatamente.

ÍNDICE